War of the Gangs – Bandenkrieg

von Dagmar Puchalla

Langenscheidt

Berlin · Madrid · München · Warschau · Wien · Zürich

Lektorat: Barbara Müller
Englischsprachiges Lektorat: Charlotte Collins
Illustrationen: Anette Kannenberg
Umschlaggestaltung: init.büro für gestaltung, Bielefeld

www.krimis-fuer-kids.de
www.langenscheidt.de

Satz: kaltner verlagsmedien GmbH, Bobingen
Druck und Bindung: Stürtz GmbH, Würzburg

ISBN 978-3-468-20830-0

12010

Inhalt

In Gedenken an Albert Einstein, den berühmten Physiker, der sagte:
"**Imagination** is more important than **knowledge**.
Knowledge is **limited**.
Imagination **encircles** the world."

---

imagination Fantasie
knowledge Wissen
limited begrenzt
encircles umfasst

Die Mutprobe

Endlich Ferien!

Patsy fühlte sich super in ihrem Kuh-Pyjama. Patsy liebte Kühe; vier Mägen, das musste man denen erstmal nachmachen. Neben ihr seufzte Hey Jay, ihr Cousin aus Wales. Die beiden lagen mit Patsys Freunden Lina, Ali und Jola in ihren Schlafsäcken in Linas Garten und starrten in den Nachthimmel.

“Herrlich”, quietschte Jola, und ein Kartoffelchip zerkrachte laut in die stille Nacht hinein.

“**Damn**, I hate **mosquitoes**”, maulte Patsy und schlug nach einer Mücke, die schon längst weitergeflogen war, voll mit ihrem leckeren süßen Blut.

Patsy dachte und redete mal wieder auf Englisch. Das ist wohl normal, wenn der Vater aus Großbritannien (genauer gesagt: aus Wales) kommt. Außerdem lag neben ihr Hey Jay, der mit Granny aus Wales zu Besuch war, und kaum ein Wort Deutsch verstand.

“I **really** love these summer nights”, seufzte der gerade, “no sun, but **still** warm **enough** to be outside.”

---

damn verdammt
mosquitoes Moskitos
really echt
still immer noch
enough genug

Hey Jay mochte die Sonne nicht besonders. Er hatte als kleines Kind Hautkrebs gehabt, war aber längst wieder gesund. Nur Sonnenbrand sollte er besser nicht kriegen, und so hellhäutig wie er war, konnte das ziemlich schnell gehen. Also spannte er, sobald die Sonne etwas stärker vom Himmel schien, meistens seinen Sonnenschirm auf, um seine Haut zu schützen.

Nachts aber, da war das natürlich überflüssig.

"I love the **noises** of the night", schwärmte Lina. "It's like music – very quiet music. And **there are** no cars, it's **wonderful**!"

Alle waren für einen Augenblick ganz still. Eine leichte Brise brachte ein paar Blätter in den Bäumen und Büschen zum Rascheln, ein paar Grillen zirpten und irgendwo flatterte etwas – vielleicht eine Fledermaus?

Und dann krachte ein weiterer Kartoffelchip in Jolas Mund. Jola liebte Kartoffelchips über alles, und sie hatte fast immer und überall welche dabei.

"Hmm", stimmte sie Lina zu, "echt nice." Besonders gut war Jolas Englisch nicht, aber sie gab sich Mühe mit den anderen mitzuhalten und benutzte jedes englische Wort, das sie kannte. Sie alle versuchten so oft sie konnten Englisch zu sprechen, damit Hey Jay

noises Geräusche
there are es gibt
wonderful wunderbar

(der eigentlich Henry James Fitzgerald hieß) möglichst viel verstand.
Ali lief ein eiskalter Schauder den Rücken runter, als er daran dachte, was jetzt auf Hey Jay zukam. Er lächelte : "Time for your Mutprobe."
"Mutprobe? Is **that** what we **call** a dare in English?"
Als Patsy zustimmend nickte, fragte Hey Jay weiter: "So tell me, **what do I have to do?**"
"Well, **you're going to go for a swim** in the **lake near here**", sagte Ali.
"But it ... the **gate** is closed now", antwortete Hey Jay stockend.
"That's why it's a dare, **silly**. You're going to swim **there *right now*.**" Patsy rollte sich aus ihrem Schlafsack. "Come on. Let's go."
Natürlich würden sie alle mitgehen. Also krabbelten sie aus ihren gemütlichen Schlafsäcken. Den neuen Bandennamen, den ihre geheime Abstimmung ergeben hatte, würde Patsy später verkünden, wenn sie

---

that das
call nennen
What do I have to do? Was muss ich tun?
You're going to go for a swim. Du wirst schwimmen gehen.
lake See
near here hier in der Nähe
gate Tor
silly Dummkopf
there da
right now jetzt sofort

wieder zurück waren. Peter, der Freund von Linas Mutter, wusste über ihren nächtlichen Ausflug Bescheid.

"Let's go, let's go!" Patsy kniff Hey Jay. Der stand endlich auf. Er wirkte dabei allerdings nicht besonders fröhlich. Lina schnappte sich das Badetuch für Hey Jay und los ging's.

Es war schon nach elf Uhr und nicht mehr viel los auf den Straßen. Sie liefen im Eiltempo zum nahe gelegenen Park. Bald erreichten sie den See und standen am Zaun. Doch der war nicht besonders hoch. Deshalb war es für Hey Jay kein Problem, mit Alis Hilfe hinüberzuklettern.

"**All right**", sagte er, als er drüber war. "**Where am I supposed to** get into the water?"

"**Look!** Do you see the **little** beach over there?" Ali zeigte auf einen schmalen Sandstreifen an der gegenüberliegenden Seite des Sees. Um dorthin zu gelangen, musste Hey Jay über eine schmale Mauer laufen, die mitten durch den See gebaut worden war, um den Bereich, der zum Baden genutzt wurde, vom restlichen See zu trennen.

---

all right also gut
where am I supposed to wo soll ich
Look! Schau!
little kleinen

“**First** you have to walk **along** the wall to **cross** the water, and **then**, from **over there**, you have to swim to where we are right now. See, it’s **quite** easy, isn’t it?”

“You’d better **take off your clothes here**. **Otherwise** you’ll have to go **back** again and pick them up”, fügte Patsy hinzu.

Hey Jay hätte niemals zugegeben, dass ihm das alles ziemlich unheimlich war. Es gab eigentlich auch keinen Grund, Angst zu haben. Es war warm, der See glitzerte unschuldig im Mondlicht, und schwimmen konnte er auch. Was sollte schon passieren?

“And you are **sure** that **nobody’s around**?”, fragte er vorsichtshalber noch einmal.

“Nobody **keeps watch** at night, **don’t worry**!”, versuchte Lina Hey Jay zu beruhigen.

---

first zuerst
along entlang
cross überqueren
then dann
over there dort drüben
quite ganz
take off your clothes dich ausziehen
here hier
otherwise sonst
back zurück
sure sicher
nobody’s around niemand ist hier
keeps watch hält Wache
Don’t worry! Mach dir keine Sorgen!

Sorgfältig faltete Hey Jay seine Sachen zusammen und legte sie auf die Wiese. Schließlich machte er den ersten Schritt auf diese Mauer, und dann den nächsten und den nächsten. Bald war er mitten auf dem See. Er schaute sich um. Irgendwie war es verrückt, hier zu stehen. Ob es hier Fische gab?

Er ging weiter und bald hatte er die andere Seite erreicht.

Von drüben hörte er seine Freunde rufen: "**Well done**!" und "Super, Hey Jay!" und "**You did it!**"

Aber trotzdem behagte ihm diese Mutprobe nicht. Er fühlte sich beobachtet, nicht nur von Patsy und den anderen. Als er sich umschaute, konnte er aber niemanden entdecken. Auf dieser Seite des Sees gab es Büsche und Bäume, einen sandigen Platz für Volleyball-Spiele, einen Spielplatz für die Kleinen. Weiter oben war ein Kiosk. Der war jetzt natürlich geschlossen.

"Come on!", hörte er wieder Rufe vom anderen Ufer.

"Okay, I'll swim back now", rief er mutig zurück.

Er ging zu der Ecke des Sees, wo ein Stückchen Sandstrand aufgeschüttet war. Seine Zehen spielten mit dem Wasser. Er wurde einfach das Gefühl nicht los, dass ihn jemand beobachtete. Schnell drehte er

---

Well done! Gut gemacht!

You did it! Du hast es geschafft!

sich um. Verschwand da nicht gerade jemand hinter dem Kiosk?
“I **must** be going **crazy**”, murmelte er vor sich hin.
“I **should** get into the water right now **to calm my nerves**.”
Schritt für Schritt ging er in den See hinein, das Wasser reichte ihm bald bis zum Bauchnabel. Dann hechtete er ins kühle Nass und begann zügig quer durch den See zu schwimmen. Nach einer Weile war er etwas außer Puste. Er legte sich auf den Rücken, um sich ein bisschen treiben zu lassen. Jetzt hatte er keine Angst mehr. **If** they think that I’m enjoying this, **so much the better**, dachte er. **I wonder** if there are really fish in here?, fragte er sich und wartete auf die Fische. Aber die Fische kamen nicht. Vermutlich hatten die mehr Angst vor ihm als er vor ihnen. Er musste fast lachen. Er schaute in die Sterne, zum Mond, und wieder zum Kiosk.
Er dachte, sein Herz müsse stehen bleiben, denn jetzt war er ganz sicher: Dort stand jemand!

---

must muss
crazy verrückt
should sollte
to calm my nerves um meine Nerven zu beruhigen
if wenn
so much the better umso besser
I wonder ich frage mich

"**HELP!**", rief er, drehte sich um und schwamm so schnell er konnte zum anderen Ufer des Sees. Er rannte zu seinem Handtuch und den Anziehsachen und trocknete sich in Windeseile ab.
"**What happened?** Did a fish kiss you?", rief Patsy.
"I didn't see any fish, but there's **someone** watching us from over there", rief er seinen Freunden zu.
Alle schauten zum Kiosk. Aber da war niemand zu sehen. Hatte Hey Jay sich das alles nur eingebildet? Schnell kletterte er über den Zaun.
"We must **leave** now, run, run!", rief er und hatte seine Hose noch nicht mal richtig zu, als sie schon losrannten. Sobald sie vom See aus nicht mehr gesehen werden konnten, blieben sie stehen.
"Are you sure you **saw** someone?", fragte Patsy japsend.
"What do you think? **That I imagined it?**", herrschte Hey Jay sie an.
So aufgebracht hatte Patsy ihren Cousin noch nie erlebt. Jetzt war es wohl am schlauesten, erstmal gar nichts zu sagen.

Help! Hilfe!
What happened? Was ist passiert?
someone jemand
leave weggehen
saw gesehen hast
That I imagined it? Dass ich es mir eingebildet habe?

Unheimliche Geräusche

Endlich lagen sie wieder in ihren Schlafsäcken in Linas Garten.
“Who **could have been** there in the middle of the night?”, fragte Patsy in die Stille.
“Do you think it was a man or a woman?”, fragte Ali.
“I have **no idea**”, musste Hey Jay zugeben.
“Maybe **some other** people were going for a swim at night, too”, meinte Lina.
“I'm not sure, but I don't think the person was very **tall**”, versuchte Hey Jay sich zu erinnern.
“A child?”, mutmaßte Jola.
“**Possibly**.”
“Maybe it was **another** dare”, kicherte Patsy jetzt.
“**I guess** we'll **never** know. So why **bother** talking

---

could könnte
have been gewesen sein
no idea keine Ahnung
some irgendwelche
other anderen
tall groß
possibly möglicherweise
another eine andere
I guess ich nehme an
never nie
bother sich die Mühe machen

about it. But, hey, Hey Jay! You did it! You're a **proper member** of our **gang** now!"

Patsy hatte Recht. Es brachte nichts, weiter darüber nachzudenken, wer außer ihnen noch am See gewesen sein konnte. Warum sollten nicht auch andere Leute auf die Idee kommen, nachts dort schwimmen zu gehen? Also war es besser, sich jetzt um die Bande zu kümmern und den neuen Namen bekannt zu geben.

"Okay. Liebe Freunde – dear friends! We all want to **welcome** our new member Henry James Fitzgerald, alias Hey Jay!", begann Patsy.

Alle applaudierten. Hey Jay schälte sich aus seinem Schlafsack und verbeugte sich.

"Dear friends, I would like to say that I am **extremely honoured** to **join** your gang."

"And **from now on and for ever** ...", begann Jola ihren Bandenslogan, "... we'll always **stick together**", fielen alle anderen ein. "The ..."

Alle schauten auf Patsy und warteten auf die Bekanntgabe ihres neuen Bandennamens. Sie hatten lange

---

proper member richtiges Mitglied
gang Bande
welcome willkommen heißen
extremely honoured außerordentlich geehrt
join Mitglied werden
from now on and for ever ab jetzt und für immer
stick together halten zusammen

darüber nachgedacht und am Ende abgestimmt. Eine geheime Abstimmung natürlich: Jeder hatte seinen Favoriten auf einen Zettel geschrieben und diesen in einen alten Hut gelegt.
Was also sagte der Hut?
Patsy schüttelte ihre wilden Locken. Sie genoss es, wenn alle sie so gespannt anschauten. Es war mucksmäuschenstill. Wie würden sie von nun an heißen?
Genau in dem Augenblick, in dem Patsy den Mund öffnete, um den neuen Bandennamen zu verkünden, in dem Augenblick, als die Spannung am größten war, drang ein Laut durch die Nacht. Ein seltsamer Laut, wie von einem weinenden Säugling!
Für einen Moment waren die fünf starr vor Schreck.
"Was war das denn?", fragte Jola. "Ein Baby?"
"Oder eine Katze, die klingen manchmal genauso", sagte Lina. Sie kannte sich mit Tieren ziemlich gut aus, deshalb glaubten ihr die anderen.
"Lina thinks it's a cat", übersetzte Ali.
"Yes, **definitely**. But something must **be wrong with it**", fügte Lina hinzu.
Und da hörten sie es wieder.
"Das kann man ja nicht mit anhören! Let's go and **find out**", bestimmte Patsy.

---

definitely ganz sicher
be wrong with it mit ihr los sein
find out herausfinden

Die fünf liefen auf den Bürgersteig. Sie waren zwar alle sehr neugierig auf ihren neuen Bandennamen, aber im Moment war Helfen einfach wichtiger. Da hörten sie es wieder! Ja, das war ganz bestimmt eine Katze. Sie schlichen weiter und suchten dabei so gut es ging die Vorgärten der Nachbarhäuser ab. Hey Jay sah dann als Erster das Kätzchen, das in einem Vorgarten saß und sich eine Pfote leckte.
"Das sieht nicht gut aus, die ist verletzt", sagte Lina. "Lasst mich das machen."
Leise mit der Katze redend, ging sie langsam näher heran. Bald hockte sie neben dem Tier und streichelte es vorsichtig.

"Was sollen wir tun?", fragte Patsy.

"Sagt Peter Bescheid. Wir sollten vorsichtshalber in die Tierklinik fahren. Sie hat eine ganz schön große Wunde am Bein. Das muss bestimmt genäht werden."
Und so kam es auch. Während Peter mit Lina und dem Kätzchen in die Tierklinik fuhr, die nachts Notdienst hatte, kuschelten sich die anderen in ihre Schlafsäcke und erzählten sich Gruselgeschichten, bis Lina und Peter mit dem Kätzchen zurückkamen.
Die Wunde der Katze war genäht worden und jetzt hatte sie einen Verband um ihr verletztes Bein.
"Sie hatte einen dicken Dorn in ihrer Wunde. Oh, sorry, Hey Jay: there was a big thorn in her wound. Maybe she jumped into a rose bush. But she's all right now", teilte Lina mit und legte sich mit dem Tier im Arm vorsichtig hin.
Alle waren erleichtert, aber auch so entsetzlich müde, dass sie kaum noch die Augen offenhalten konnten.
"Bandenname!", kommandierte Jola gähnend.
"Okay." Selbst Patsy wollte es jetzt zu Ende bringen. "Unser neuer Name ist einstimmig gewählt, **everybody voted** for: Undercover Kids."
Und Jola sang im Einschlafen vor sich hin: "We're the Undercover Kids, the Kids Undercover. We're fantastic five Undercover Kids ...", und dann waren sie auch schon eingeschlafen.

---

everybody alle
voted stimmten

Dornröschen

Die Sonne stand schon ziemlich hoch, als Patsy am nächsten Morgen die Augen aufschlug. Hey Jay saß im Schatten eines Baumes und las ein Buch, vermutlich wieder eins über Mathematik. Dass man so etwas freiwillig lesen konnte, war Patsy ein Rätsel, aber so war Hey Jay eben.

"Hey, cousin, **what's your book about?**", fragte Patsy ihn trotzdem gähnend, richtete sich auf und wuschelte sich mit der Hand durch die Locken.

"Oh, it's about cats", antwortete Hey Jay geistesabwesend.

"About cats?", erwiderte Patsy verwundert. "Is it in English?"

"Oh, no", tönte es hinter dem Buch, als sei es das Selbstverständlichste auf der Welt, "it's in German."

"But you don't understand German, do you?!"

In diesem Moment kam Lina mit einem Tablett auf die Terrasse. "Alle Tiere sind verpflegt, jetzt sind wir dran", sagte sie und rief: "Breakfast is ready!" Dann lud sie das Essen auf dem Tisch ab.

"Great, **I'm starving**." Patsy krabbelte aus ihrem Schlafsack. "Wo sind eigentlich Jola und Ali? Kleiner Liebesspaziergang?"

What's your book about? Worum geht es in deinem Buch?
I'm starving. Ich sterbe vor Hunger.

"Kaum die Augen auf und schon ein Witzbold", maulte Ali aus dem ersten Stock. Er stand mit der Zahnbürste in der Hand am offenen Fenster des Badezimmers.
"Und Jola?", fragte Patsy weiter.
"Auf'm Klo." Ali grinste mit schaumverschmiertem Mund.
"Und wo ist unser verletztes Kätzchen?"
Lina zog Patsy mit sich ins Wohnzimmer. Es war wirklich ein süßes kleines Häuschen, in das Lina mit ihrer Mutter und Peter vor Kurzem gezogen war. Das Wohnzimmer war in Orange gestrichen und große Bilder verzierten die Wände. Für kalte Winterabende gab es einen kleinen Kaminofen. Patsy fühlte sich sehr wohl hier. Und oben auf dem Speicher durften sie ihr Bandenquartier einrichten.
"Guck." Lina zeigte auf ein Körbchen, in dem das Kätzchen lag und schlief. "Wem sie wohl gehört?"
"Das frage ich mich auch."
"Wir werden suchen, was meinst du?"
Patsy grinste Lina an: "Und finden, ist doch klar. Give me five – fantastic five Undercover Kids! Sag mal, hat Hey Jay das Katzenbuch von dir? Er versteht doch gar kein Deutsch!"
Lina zuckte mit den Schultern.
"Er hat mich nach einem Buch über Katzen gefragt. Sieht sie nicht süß aus?"

"A **sleeping beauty**!" Lina und Patsy fuhren herum. Hey Jay lehnte im Türrahmen und schaute auf das Kätzchen. Patsy fing an zu kichern.
Lina war irritiert. "Wieso kicherst du? Sie ist doch wirklich eine schlafende Schönheit, oder?"
Patsy konnte sich gar nicht mehr beruhigen. Auch Hey Jay schien nicht zu wissen, warum und wieso.
"Sleeping beauty! That's great. We should definitely call her that."
Jetzt kullerten ihr vor lauter Lachen schon Tränen die Wange hinunter.
Lina versuchte sie zu bremsen: "Nun krieg dich mal wieder ein. Was ist denn los?"
Patsy gluckste: "Das ist einfach super. Sleeping Beauty – so heißt Dornröschen auf Englisch. Das ist so lustig, weil sie doch einen Dorn in ihrer Wunde hatte. – You know the **fairytale** *Sleeping Beauty*. In German the fairytale is called *Dornröschen*; 'Dorn' is 'thorn', 'Röschen' is a little rose."
So bekam Sleeping Beauty ihren Namen. Lachend schlüpften die drei wieder auf die Terrasse und setzten sich an den Frühstückstisch. Hey Jay nahm sein Buch.
"I don't understand much." Er schüttelte den Kopf. "German is very difficult! Tell me, what is *Gefahr*?"

---

sleeping beauty schlafende Schönheit
fairytale Märchen

"Danger."
"And *verletzen*?"
"To hurt."
"*Minze*?"
"Mint."
"*Genick*?"
"Neck … oh, Hey Jay! Stop it, please!"
Patsy stöhnte und Hey Jay legte das Buch zur Seite.
"Maybe she **fell** out of a window?", fragte er Lina.
Lina zuckte mit den Schultern: "Maybe a dog **followed** her."
"Maybe the **owner** is looking for her **already**. But it could be that someone even hurt her **on purpose**", überlegte Hey Jay weiter.

---

fell ist gefallen
followed hat verfolgt
owner Besitzer
already schon
on purpose absichtlich

Lina war entsetzt. “Wer tut denn so was?”
“**There are enough idiots around**”, schimpfte Patsy, während ihr beim Anblick der frisch gebackenen Brötchen das Wasser im Mund zusammenlief.
“Okay. Let’s see. **Either** the owner is looking for her, or someone did it on purpose, and then we have to **find** this person. Aber jetzt will ich erstmal frühstücken. Breakfast!”, rief sie. “I’m hungry! Where is everybody?”
Endlich kamen auch Jola und Ali, und das Frühstück konnte beginnen.
“Do you know someone around here who **owns** cats?”, fragte Patsy mit vollem Mund.
Lina zuckte die Achseln. “Hm, I have no idea. We **haven’t met** all our neighbours **yet**.”
“After breakfast we should go for a walk and see if someone **has lost** a cat”, schlug Hey Jay vor und biss genüsslich in ein Croissant.
“Auf jeden Fall”, stimmten die anderen zu.

There are enough idiots around. Es gibt ja genug Idioten.
either entweder
find finden
owns besitzt
haven’t met haben nicht getroffen
yet noch
has lost hat verloren

Auf der Suche

Das Stadtviertel bestand hauptsächlich aus kleinen Reihenhäusern wie das von Lina. Hey Jay blieb schließlich bei dem Vorgarten stehen, in dem sie Sleeping Beauty gefunden hatten. Er betrachtete nachdenklich das Haus. Offenbar gab es hier viele kleine Wohnungen, die alle einen Balkon hatten.
"Is this a **special building**?", fragte Hey Jay Lina.
"As far as I know, it's a house for **elderly** people."
"Oh, an **old people's home**, **you mean?**"
"**Exactly**."
"What do you think: how **far** can a cat walk with an **injured** leg?", fragte er weiter.
Patsy ahnte, worauf ihr Cousin hinauswollte. "Let's go and **interview** the people who live here", schlug sie vor.
"Fine, I'll get my new **mobile**. It's got a camera in it", trötete Jola stolz.

---

special building besonderes Gebäude
elderly ältere
old people's home Seniorenheim
..., **you mean?** ..., meinst du?
exactly genau
far weit
injured verletzten
interview befragen
mobile (phone) Handy

"And maybe we need something to write with?", fragte Lina und lief mit Jola zu ihrem Haus zurück.
"Well, I guess we'll have to wait for **them**", grinste Hey Jay und ging im Vorgarten umher. **Looking for clues**, dachte Patsy.
Hey Jay untersuchte den Boden. Unter einem Fenster im Erdgeschoss war ein Rosenbeet angelegt. Als er aufblickte, sah er eine Katze innen auf der Fensterbank sitzen, die ihn aufmerksam beobachtete.
"That's interesting", dachte Hey Jay laut. "There's **at least** one cat living in the house, and the roses here have all lost their flowers."
"Das hat sicher was mit unserer Katze zu tun", meinte Patsy. Dann stupste sie Ali an. "Lass uns mal sehen, wie viele Leute hier überhaupt wohnen." Die beiden gingen zum Hauseingang. Inzwischen waren auch Lina und Jola zurückgekehrt. Lina baute sich vor den Klingelschildern auf und begann sogleich mit einer Liste: *Katzenbesitzer Ja/Nein* schrieb sie in die erste Reihe und darunter die Namen der Anwohner. Jola war zu Hey Jay gegangen und schoss Fotos von den Rosen.
Ali wurde ungeduldig: "Wie wär's, wenn wir mal irgendwo klingeln?"

---

them sie
looking for clues auf Spurensuche
at least mindestens

“Wir können aber nicht fragen, ob jemand eine Katze vermisst. Wenn jemand Sleeping Beauty loswerden wollte, wird er oder sie gar nichts sagen. Wir müssen das anders machen. Wie wär’s, wenn wir uns als Katzensitter vorstellen?”
Lina schaute Patsy mit großen Augen an: “Katzensitter? Aber Katzen sind nicht wie Hunde, die man Gassi führen muss, die gehen alleine.”

Patsy kam gar nicht mehr dazu, ihr zu antworten, denn im selben Moment wurde die Haustür mit Schwung von innen aufgerissen. Ein alter Herr stand vor ihnen, der die drei böse anschaute.
“Was treibt ihr euch hier herum? Wollt ihr Klingelstreiche machen?”
“Klingelstreiche? Nein, nein, dafür sind wir schon zu alt”, antwortete Ali schlagfertig und setzte sein freundlichstes Lächeln auf.
“Wir suchen nur jemanden”, fügte Lina hinzu.
Patsy rempelte sie an.
“Äh, ich meine ...”
Weiter kam Lina nicht. Der Alte schimpfte und drohte mit seinem Stock.
“Ihr sucht jemanden? Jemanden, den ihr ärgern könnt oder wie? Wollt ihr Werbung machen für irgendetwas? Oder klauen? Man hört ja heutzutage immer schlimmere Sachen, dass schon kleine Kinder klauen; macht, dass ihr hier wegkommt, los!”

Lina, Ali und Patsy waren vor seinem drohenden Stock zurückgewichen. Und jetzt sah der Mann Hey Jay und Jola im Vorgarten. Plötzlich lief er erstaunlich schnell in deren Richtung und drohte auch ihnen.
"Weg von meinem Beet! Was habt ihr mit meinen Rosen gemacht? Na wartet!" Schimpfend lief er hinter Hey Jay her, den er offenbar für den Hauptmissetäter hielt.
Plötzlich ging ein Fenster im Erdgeschoss auf, und eine alte Frau schaute heraus. "Was ist denn hier los?", fragte sie. Dann kicherte sie belustigt. "Also, Anton, das schickt sich aber gar nicht, mit einem Stock hinter Kindern herzurennen. Pass auf, gleich kommt die Polizei und holt dich!"
Der Alte ließ vor Schreck den Stock fallen und lief zu ihr hin.
"Polizei? Wie? Wo? Wann?"
"Ich meinte, wenn du so weitermachst, kommt die Polizei! Kinder schlagen ist verboten!"
"Seit wann denn das?", fragte der Alte verwirrt.
"Schon lange, Gott sei Dank", antwortete die alte Frau freundlich und wandte sich dann an Patsy.
"Aber was ist mit euch? Kann ich euch irgendwie helfen?"
Hey Jay schaute nur fragend um sich. Lina versuchte zu übersetzen: "**She's offering** to help."

---

she's offering sie bietet an

"With the old man?"
"No, **in general**."
"Ah, so we can ask her if she knows **anyone** who owns cats, or someone who hates cats. Maybe it was him!" Hey Jay zeigte auf den Alten.
"Oh, I don't think so, I don't think he's really dangerous." Lina lächelte. Sie kannte so was von ihrem Urgroßvater. Der war auch manchmal sehr seltsam. Aber er tat keiner Fliege was zuleide.
Die anderen waren zum Balkon der Frau gegangen. Patsy streckte ihr die Hand entgegen.
"Guten Tag, ich bin Patsy und das sind meine Freunde. Wir haben nichts gemacht an dem Rosenbeet, das müssen Sie uns glauben. Wir sind aus einem ganz anderen Grund hier. Da wir gerade Ferien haben, dachten wir, wir könnten Katzen sitten. Wissen Sie vielleicht jemanden?"
"Katzen sitten? Ihr meint, hüten, wenn jemand wegfährt? Oder Hunde ausführen?"
"Ja genau, aber keine Hunde. Nur Katzen."
"Schade, da wüsste ich so einige hier im Haus, die Hilfe gebrauchen könnten. Katzenbesitzer haben wir zwar auch, aber die meisten fahren nie weg."
So kamen sie also nicht weiter.

---

in general allgemein
anyone irgendjemand

Hey Jay flüsterte Patsy ins Ohr: "There's a window over there with a cat sitting in it."
"Da ist ein Fenster im Erdgeschoss. Wohnt da vielleicht jemand mit einer Katze?", fragte Patsy.
"Ja, Frau Janotta, die hat mindestens sieben Katzen, aber sie verlässt ihre Wohnung nie, die braucht keinen Katzensitter. Obwohl das den Katzen wahrscheinlich gar nicht schaden würde."
"Wie meinen Sie das?" Patsy wurde neugierig.
"Ach, wisst ihr was? Kommt doch einfach nach hinten in den Garten, bringt Anton mit und wir trinken eine Limonade. Übrigens, ich heiße Erna Weber."
Patsy schaute sich um. Da stand Anton und kontrollierte schimpfend sein Rosenbeet.
"Hallo, Herr Anton", rief Patsy. "Wir waren das wirklich nicht, das müssen Sie uns glauben! Und wir sind jetzt alle zum Limonadetrinken mit Frau Weber eingeladen!"
"Limonade mit Erna? Das ist fein", grinste er und lief sofort los. "Kommt mit, kommt nur", sagte er jetzt plötzlich ganz fröhlich.
"Something**'s cheered him up suddenly**! Could it be this nice old **lady**?" Hey Jay grinste Patsy an.
Der alte Anton verliebt in Frau Weber? Why not?

---

has cheered him up hat ihn aufgemuntert
suddenly plötzlich
lady Dame

Fündig geworden

Hinter dem Haus war ein netter Garten mit vielen Tischen und Stühlen. Einige ältere Leute saßen in der Sonne und lasen ein Buch oder dösten vor sich hin.
Hey Jay flüsterte Patsy zu: "Can we sit at a table in the **shade**?"
"Sure", flüsterte sie zurück und zog die anderen zu einem Tisch unter einer großen Buche. Lina stupste Patsy an: "Ich finde, wir sollten ehrlich sein mit ihr, sie ist so nett. Sie hilft uns bestimmt, wenn sie kann."
Alle nickten zustimmend.
Frau Weber kam mit einem Tablett voller Gläser, einer großen Karaffe Limonade und einem Teller voller Kekse aus dem Haus.
"Da seid ihr ja, setzt euch doch", rief sie.
"Selbst gemachte Quittenlimonade, die beste im ganzen Haus", schwärmte Anton und strahlte dabei Frau Weber an. Alle stürzten sich durstig auf die Limo. Sie war extrem lecker.
"Außerdem backt sie die herrlichsten Plätzchen; probiert, sonst esse ich alle alleine auf", warnte Anton noch, bevor er die erste Hand voll Kekse an sich riss. Das ließ sich Jola nicht zweimal sagen.

---

shade Schatten

“Liebe Frau Weber, wir wollen ehrlich mit Ihnen sein”, begann Patsy.
“Das freut mich.”
“Oh, das ist übrigens mein Cousin Henry James aus Wales. Er kann kein Deutsch, deshalb übersetzen wir meistens für ihn oder reden englisch.”
“Das ist ja toll, so was könnt ihr?” Frau Weber war ganz verblüfft. “Ich kann auch ein bisschen Englisch, aber leider nicht sehr viel.” Sie lächelte Hey Jay an. “Und er versteht kein einziges Wort Deutsch?”
“Naja, vielleicht ein paar.” Patsy erinnerte sich an Hey Jays Versuch im Katzenbuch zu lesen. Das brachte sie zurück zu ihrem Thema. “Also. Wir haben letzte Nacht eine verwundete Katze in Ihrem Vorgarten gefunden. Wir sind mit ihr zur Tierklinik gefahren und sie wurde genäht.”
“Wirklich?” Erna Weber war empört. “Wie ist das denn passiert?”
“Banden!”, murmelte Anton mit vollem Mund.
“Ach, Anton, sei still, du liest zu viele schlechte Zeitungen!”, wies Frau Weber ihn zurecht. Sofort war er still. “Hm, lasst mich überlegen. Auguste, also ich meine Frau Janotta, die liebt außer Katzen auch Porzellan. Da passiert es natürlich manchmal, dass ein Kätzchen so eine edle Vase zerbricht, und dann hört man Auguste immer fürchterlich schimpfen. Manchmal wirft sie die Katze, die das angestellt hat, einfach raus – und zwar aus dem Fenster.”

Frau Weber versuchte die entsetzten Ausrufe der Kinder zu bremsen. "Nein, nein, das seht ihr falsch. Sie wohnt doch im Erdgeschoss und den Katzen passiert nie etwas!"

"Sind Sie da sicher?", fragte Lina düster. "Diese Katze hat sich ganz schön verletzt." Dabei faltete sie sorgfältig den Zettel mit den Namen der Hausbewohner zusammen. Den brauchten sie ja wohl nicht mehr.

Hey Jay stupste Patsy an: "**What's going on?**"

"**It seems you were right**. The lady who lives in the **flat** on the corner **has got** lots of cats."

Hey Jay nickte: "And Anton's roses are **right** below her window. So one of her cats probably fell right into the roses. That's why the rose bush has no **more** flowers."

Patsy räusperte sich: "Ob wir diese Frau, äh, Janotta, kennenlernen können?"

"Kein Problem", lächelte Erna Weber, zog ein Handy aus ihrer Schürzentasche und tippte eine Nummer ein. "Auguste, bist du's?", rief sie nach kurzem Warten laut, aber freundlich in den Hörer.

What's going on? Was geht hier vor?
It seems you were right. Es scheint, dass du Recht hattest.
flat Wohnung
has got hat
right direkt
more mehr

"Sie ist ziemlich schwerhörig", erklärte sie den Kindern, ohne den Hörer zuzuhalten. Dann sprach sie laut weiter: "Was ist los mit dir? Was? Das ist ja schrecklich. Aber jetzt beruhige dich doch."
Frau Weber redete auf ihre Gesprächspartnerin ein: "Weißt du was? Jetzt kommst du erstmal in den Garten auf eine Limonade ... Ja genau, die gute Quittenlimonade ... Danach sehen wir weiter."
Mit einem zufriedenen Gesichtsausdruck klappte Frau Weber ihr Handy zusammen und wandte sich an Patsy.
"Es ist, wie ich vermutet hatte: Die gute Auguste vermisst ihr jüngstes Kätzchen und ist ganz verzweifelt. Es hat gestern ihre wertvollste Vase zerdeppert und ist dafür rausgeflogen. Jetzt macht Auguste sich fürchterliche Sorgen. Ganz sicher habt ihr ihre Katze gefunden."

Es war tatsächlich Frau Janottas Tier. Und sie hatte nicht bemerkt, dass Anton ausgerechnet unter ihrem Balkon versuchte Rosen zu züchten. Ihre Augen waren nicht viel besser als ihre Ohren. Sie musste versprechen, nie wieder eine Katze aus dem Fenster zu werfen.
Der Fall war gelöst.
Lina verabredete mit Frau Janotta, dass Sleeping Beauty bei ihr bleiben durfte, bis ihre Wunde geheilt war.

Dann war die Limonade alle und die Kekse waren aufgegessen und die fünf Undercover Kids wollten aufbrechen.
Aber plötzlich, genau in dem Moment, als sie gerade aufgestanden waren, hörten sie ein lautes Klirren, als würden Glasflaschen zerspringen.
Alle im Garten verstummten vor Schreck.
Wieder schepperte es laut und deutlich.
Das war kein Unfall. Da warf offenbar jemand Flaschen gegen eine Häuserwand!

Patsy und ihre Freunde rannten ums Haus herum.
Sie erblickten sofort den Scherbenhaufen neben der Haustür. Und sie sahen jemanden weglaufen und um die nächste Straßenecke verschwinden.
"Sofort stehen bleiben!", schrie Ali wütend.
Patsy sprintete los. "Let's **follow** him!"
"No!", rief Lina. "Stop! Stay here! It's too dangerous! Please! Stooooooop!"
Patsy blieb schnaufend an der Ecke stehen. Sie erkannte noch, dass es mindestens zwei waren, vermutlich Jungs, vielleicht 12 oder 13 Jahre alt. Einer etwas kleiner, beide nicht gerade dünn. Der größere trug eine komische Kappe und ein T-Shirt mit dem Logo "Vive la France".
Das war doch was.

---

follow folgen

Mittlerweile waren alle aus dem Garten nach vorne vors Haus gekommen. Sie redeten aufgeregt durcheinander und eine alte Frau weinte vor Angst.
Ali schimpfte: "Wie gemein ist das denn!"
Ein junger Mann kam aus dem Haus. Er war ein Pfleger für die alten Leute, die nicht mehr alleine klarkamen. Er schaute sich die Bescherung an und begann alles wegzuräumen.
"Ist so was hier schon mal passiert?", fragte Patsy Frau Weber.
"Nein. Das heißt, doch. Aber damals waren es nur Knallfrösche. Es ist schon länger her. Mindestens einen Monat."

"Wurde damals jemand beobachtet?", wollte Patsy noch wissen.
"Nein, es war spät am Abend und schon dunkel."
Auf Patsys Zeichen hin steckten die fünf Undercover Kids die Köpfe zusammen.
"Let's go back to Lina's house and have a gang meeting about what we can do."

Bandenpläne

Sie verabschiedeten sich von Frau Weber und dem alten Anton, versprachen wieder vorbeizukommen und liefen zu Linas Haus in ihr Bandenquartier. Noch ziemlich leer war es hier, aber das war ihnen jetzt vollkommen egal.

"I saw two kids", sagte Patsy. "One of them was wearing a T-shirt with 'Vive la France' on it."

Hey Jay grübelte.

"We should go for a walk in the **area** and ask people some questions."

"Maybe someone knows them", nickte Ali.

"Maybe it's happened **somewhere else**, too", vermutete Lina.

Ali lehnte sich zurück.

"Echt coole Idee. Dann können wir auch mal Andy besuchen, der wohnt nicht weit von hier. Auf der anderen Seite der Hauptstraße ist so eine Siedlung mit ein paar Hochhäusern. Da lebt er mit seinem Vater. Vielleicht weiß er was." Ali sprang auf.

"Oh, before we go and look for gangsters, I'll go home and pick up some clothes ... und dann wünsche ich meinen Eltern schöne Ferien ohne mich. Wir werden ja vermutlich in den nächsten ein, zwei

---

area Gegend
somewhere else irgendwo anders

Wochen hier auf Tätersuche sein. Wie wäre das? Lina, meinst du wir können alle hierbleiben?"
Lina überlegte nicht lange.
"Das wäre super! Peter ist bestimmt einverstanden. Meine Mutter kommt erst am Mittwoch zurück, aber sie hat sicherlich auch nichts dagegen. Ich ruf sie gleich an."
Linas Mutter hatte wie erwartet überhaupt nichts dagegen. Und so lag nur noch ein bisschen Elternüberzeugungsarbeit vor Jola, Ali, Patsy und Hey Jay.

Als Patsy und Hey Jay an der Wohnungstür klingelten, hatten sie beschlossen, gleich mit der Wahrheit herauszurücken. Patsy wusste, dass das bei ihren Eltern die beste Vorgehensweise war. Hey Jay sollte ihren Vater überzeugen und sie ihre Mutter.
Granny öffnete die Tür und strahlte bei ihrem Anblick übers ganze Gesicht.
"Oh, it's my sweet little girl", begrüßte sie Patsy und wuschelte durch deren Locken. "And my **brave** little **hero**, too", strahlte sie Hey Jay an, der verlegen grinste.
"Hello, Granny, where is everybody? Are Mum and Dad around?"
Patsy schob sich an ihr vorbei.

---

brave tapferer
hero Held

"Oh yes, **we're just preparing** dinner. Will you be joining us?"
"Yes, but we have to talk to them first."
"All right."
Patsy hatte ganz plötzlich einen Anflug von schlechtem Gewissen. Sicher musste ihr Vater morgen wieder arbeiten, dann war ihre Mutter alleine mit Granny. Das sah gar nicht gut aus für ihr Vorhaben.
"Na, hattet ihr ein schönes Wochenende bei Lina?", begrüßte ihre Mutter sie.
"Ja, klasse, aber ... Mum, kann ich kurz mit dir reden?", rief sie und lief schon in ihr Zimmer. Ihre Mutter kam hinterher.
"Ist etwas passiert?", fragte sie besorgt.
"Uns nicht, aber sonst ist viel passiert! Wir haben eine verletzte Katze gefunden, und dann haben wir die Besitzerin gesucht und gefunden und viele alte Leute kennengelernt ..." Patsy hielt inne und schaute in das Gesicht ihrer Mutter, die ihr mit großen Augen zuhörte. Wie konnte sie weiter erzählen, ohne dass ihre Mutter sich allzu sehr sorgte? "Also, und diese alten Leute werden manchmal von ein paar Kindern geärgert und wir wollen ihnen helfen. Und außerdem müssen wir noch unser Bandenquartier einrichten und ..."
"Und?"

---

we're just preparing wir bereiten gerade vor

“Naja, wir haben uns gedacht, dass wir alle am besten eine Zeit lang bei Lina wohnen.”
So, jetzt war es raus. Patsy blickte gespannt in das Gesicht ihrer Mutter.
Die schaute etwas traurig. “Für wie lange denn?”
“Weiß nicht, vielleicht eine Woche oder zwei? Keine Ahnung. Bis wir diese Idioten gefunden haben. Und bis das Bandenquartier fertig ist.”
Patsys Mutter stand auf.
“Ich freue mich nicht gerade über eure Pläne. Dann sind Granny und ich ja immer alleine. Granny wird bestimmt auch enttäuscht sein. Aber ihr müsst das ja wohl tun, oder?”

Patsy fiel ihrer Mutter um den Hals und rief: “Ach, Mum, du bist einfach klasse!”
“Komm, wir besprechen das mit den anderen, ja? Bleibt aber bitte noch zum Essen.”
“Klar, Mum! Und danke.”
“Schon gut. Sind ja eure Ferien. Und Hey Jay findet das sicher interessanter, mit euch im Bandenquartier zu sein als mit mir und seiner Oma spazieren zu gehen.” Sie zwinkerte Patsy zu.

Hey Jay hatte Granny und Daddy auch schon das Wichtigste berichtet.
Patsys Vater konnte Hey Jay natürlich die Bitte nicht abschlagen, er war ja schließlich der Gast. Das hatte Hey Jay gut gemacht, alles war gut gelaufen!

Und Granny? Die war völlig aus dem Häuschen! Sie wollte unbedingt mitfahren zu Lina, das Kätzchen sehen, das Bandenquartier und auch die alten Leute kennenlernen.
Und so fuhren sie nach dem Essen alle fünf zu Lina. Die anderen waren auch schon wieder eingetrudelt. Jolas Mutter war erleichtert gewesen, denn sie musste die ersten drei Ferienwochen sowieso arbeiten. Jola hatte einen riesigen prall gefüllten Koffer mitgebracht. **Hopefully** not **just crisps**, dachte Patsy grinsend. Alis Eltern waren erst nach langen Diskussionen einverstanden gewesen. Auch bei ihm war die ganze Familie mitgekommen, also auch seine zwei kleineren Brüder. Peter und Lina hatten schon alte Matratzen und Decken auf dem Dachboden ausgebreitet. Morgen würde Peter zusammenklappbare Gästematratzen kaufen – als Einweihungsgeschenk für das Bandenquartier.
Jeder wollte etwas zur Einrichtung des Dachbodens beitragen. Jolas Mutter hatte noch einen Plastikgartentisch und sechs Klappstühle im Keller, die wollte sie spenden. Patsys Vater versprach einen Schreibtisch zu besorgen und Alis Eltern würden einen gebrauchten Computer organisieren! Alles war wunderbar.

hopefully hoffentlich
just nur
crisps Kartoffelchips

Später lagen Patsy, Hey Jay, Lina mit Kätzchen, Jola und Ali in ihrem Bandenquartier und freuten sich darüber, dass alles so gut geklappt hatte. Morgen wollten sie schwimmen gehen und Hey Jay zeigen, wo er seine Mutprobe bestanden hatte. Auf dem Rückweg würden sie Frau Weber besuchen. Außerdem planten sie, in der Gegend herumzufragen, ob jemand einen Jungen kannte, der ein T-Shirt mit einem 'Vive la France'-Aufdruck trug – und ob noch irgendwo Flaschen an Häuserwände geworfen worden waren.

Ein guter Plan.

Bevor sie alle einschliefen, holte Patsy ihr Tagebuch heraus und las den anderen den neuen Bandenspruch vor, den sie sich ausgedacht hatte:

"***No matter where*** *you are,*
No matter what you did,
We can ***bet you***
*That we****'re going to get*** *you –*
We're the Undercover Kids!"

---

no matter where egal, wo
bet you wetten
are going to get werden erwischen

Überraschung im Schwimmbad

Peter saß schon längst an seinem Schreibtisch, als die fünf aufwachten. Lina fütterte ihre Wüstenrennmäuse und ihre zwei Kaninchen Mayo und Ketchup und reinigte Bertas Käfig, während Hey Jay etwas unbeholfen den Teddyhamster im Arm hielt und kraulte. Sleeping Beauty humpelte vorsichtig im Wohnzimmer herum und fühlte sich schon sehr zu Hause.

"Was macht Peter eigentlich von Beruf?", fragte Ali gähnend.

"Oh, er ist Journalist. Er schreibt gerade an einem Buch."

Ali nickte anerkennend und ging in die Küche, um mit Patsy und Jola das Frühstück vorzubereiten.

Es war ein wunderschöner Tag.

Hey Jay hatte sich Linas Schnorchel geliehen, denn er wollte unbedingt nach den Fischen tauchen. Patsy konnte endlich ihren neuen Badeanzug anziehen – natürlich mit Kuhmuster. Den hatte ihre Mutter in einem Katalog entdeckt und gleich bestellen müssen. Im Freibad am See suchten sie sich als Erstes einen Platz im Schatten. Für Hey Jay war die Sonne kaum auszuhalten, und er cremte sich bestimmt zehnmal dick ein. Dann schwammen sie, tobten im Wasser und lagen lesend herum.

Irgendwann waren Lina, Ali und Hey Jay mit dem Schnorchel unterwegs und Jola holte sich eine Tüte Pommes vom Kiosk, als Patsy zufällig beobachtete, wie ganz in ihrer Nähe ein kleines Mädchen ein Handy aus einem Rucksack nahm.

Nothing special, dachte Patsy und drehte sich auf die andere Seite.

Zwanzig Minuten später sah die Sache anders aus.

Jetzt lagen sie alle auf der Decke, und die Frau, der dieser Rucksack gehörte, war vom Schwimmen zurückgekehrt. Nun wollte sie vermutlich telefonieren und suchte ihr Handy. Sie stieß einen spitzen Schrei aus, durchwühlte ihren Rucksack und rief schließlich: "Mein Handy ist weg! Irgendjemand hat mein Handy geklaut!"

"Komisch", sagte Patsy zu den anderen. "I saw a little girl taking the mobile out of her rucksack. It looked so **natural** that I **thought** it was her daughter! She was very **young**, **not much** older than four, I guess. This must be a **misunderstanding**."

Patsy lief zu der Frau und berichtete ihr, was sie gesehen hatte. Die Frau war außer sich.

"Ich habe aber keine Tochter", rief sie entrüstet.

"Vielleicht hat das Mädchen sich vertan?", überlegte Patsy laut.

"Wieso wühlt ein fremdes Kind in meinem Rucksack herum?", schimpfte die Frau.

"Vielleicht hat sie Ihren Rucksack mit dem ihrer Mutter verwechselt", versuchte Patsy die Frau zu beruhigen. Aber es war zwecklos.

"Ich rufe die Polizei!"

Damit sprang die Frau auf und suchte den Bademeister.

Der Bademeister machte eine Durchsage, dass ein kleines Mädchen gesucht würde. Patsy beschrieb die Kleine, so gut sie konnte: kurze, glatte braune Haare, gelber Badeanzug, ungefähr vier Jahre alt. Niemand meldete sich. Dann beschloss Patsy, das Freibad nach

---

natural natürlich
thought dachte
young jung
not much nicht viel
misunderstanding Missverständnis

der Kleinen abzusuchen. Aber sie fand sie nicht. Das Mädchen war verschwunden.
Enttäuscht kehrte Patsy zu ihren Freunden zurück. Sie berieten gerade, ob sie noch etwas tun könnten, als die Frau mit dem Bademeister zu ihnen kam.
“Vielleicht habt ihr ja mein Handy geklaut”, sagte sie böse. “Das mit dem Mädchen habt ihr bloß erfunden, um von euch abzulenken! Und jetzt telefoniert ihr auf meine Kosten in der ganzen Welt herum.”
“Haben Sie Ihr Handy denn nicht ausgeschaltet, bevor sie schwimmen gegangen sind?”, fragte Ali.
Sie antwortete nicht, sondern forderte den Bademeister auf, alles nach ihrem Handy zu durchsuchen.

“Moment mal, das können Sie doch nicht so einfach machen! Wir haben schließlich nichts getan.” Patsy wurde sauer. Wie kam die Frau dazu, ihnen so etwas zu unterstellen!
Der Bademeister versuchte sie zu beschwichtigen: “Jetzt bleibt mal ganz locker. Ich habe keine Lust, die Polizei holen zu müssen. Wenn ihr es nicht wart, habt ihr doch nichts zu befürchten. Bitte seid so nett und packt eure Taschen aus, ja?”
Murrend gehorchten Lina, Ali, Hey Jay und Jola. Doch Patsy stand nur da und glotzte die Frau böse an, und die guckte genauso böse zurück.
“Da wird man dafür bestraft, dass man hilft!”, motzte Patsy sie an. Die Frau zuckte nur mit den Schultern. Patsy schimpfte weiter: “Vielleicht hatten Sie ja auch

gar kein Handy dabei und wollen nur Kinder schlechtmachen?"
Der Bademeister legte seine große, verschwitzte Hand auf Patsys Schulter.
"Immer mit der Ruhe, junges Frollein. Ich glaube euch, und nun lass gut sein."
Dann nahm er die Frau am Arm und ging mit ihr weg.
"**Thank God, she's gone**. Hey, **don't let her ruin our day**. Come on, let's go **snorkelling**. I've seen lots of **incredible** fish. You must see them!", versuchte Hey Jay seine Kusine aufzuheitern. Er hatte zwar nicht alles verstanden, aber dass Patsy sauer war, war nicht zu übersehen.
Patsy ließ sich schnell überreden. Sie liefen zum See hinunter. Alle außer Jola. "Ich pass auf die Sachen auf", sagte sie. Sicherlich hatte sie ihr neues Handy dabei.
Sie schnorchelten und tobten im Wasser, als Hey Jay auf einmal innehielt und zum Kiosk starrte.
"I don't believe it. **It's like** Saturday night, **do you remember?** When I thought I saw somebody?"

Thank God, she's gone. Gott sei Dank ist sie weg.
Don't let her ruin our day. Lass es nicht zu, dass sie unseren Tag ruiniert.
snorkelling schnorcheln
incredible unglaubliche
it's like es ist wie
..., **do you remember?** ..., erinnert Ihr euch?

Alle schauten zum Kiosk. Da standen drei Jungen in ihrem Alter und schleckten Eis. Einer war etwas kleiner und ziemlich dick, die beiden anderen ungefähr einen Kopf größer.

"The smaller one **looks exactly like** the person I saw on Saturday night!", flüsterte Hey Jay aufgeregt.

Die drei waren offenbar fertig mit ihrem Eis und gingen weg. "**Shall we** follow them?", fragte Ali.

"No", entschied Patsy. "Even if Hey Jay is right, it doesn't matter – they did**n't** do **anything worse** than we did."

Sie bespritzte die anderen mit Wasser und rannte dann zu Jola, die gerade eine Chipstüte aufgerissen hatte. Als Patsy so wild auf sie zustürmte, rutschte ihr die Tüte aus der Hand und all die guten Chips lagen auf der Wiese. Schon kamen ein paar Ameisen angelaufen.

"Ihhh", rief Jola und sammelte so schnell sie konnte ihre Chips wieder ein.

"Können wir gleich los?", fragte Patsy, als auch die anderen an der Decke angekommen waren. "Wir haben noch so einiges vor."

---

looks exactly like sieht genauso aus wie
shall we sollen wir
not anything worse nichts Schlimmeres

Die Suche beginnt

In Linas Garten hängten sie ihr nasses Schwimmzeug zum Trocknen auf die Wäscheleine, dann machten sie sich unverzüglich auf den Weg zum Altenheim. Frau Weber freute sich sehr über ihr Kommen und sogar der alte Anton lächelte ihnen freundlich zu, als er sie im Garten sitzen sah. Es gab wieder Limonade und Kekse und die Nachricht, dass nichts Neues passiert war. Also zogen sie weiter.

Sie stoppten an einer Eisdiele.

"Ob die irgendwas wissen? Wer fragt mal nach?"

Patsy hatte ausnahmsweise keine Lust.

"Okay, ich mach's", antwortete Ali.

Er trat ans Verkaufsfenster, während die anderen gerade so viel Abstand hielten, dass sie ihn noch gut verstehen konnten. Patsy übersetzte für Hey Jay.

"Entschuldigung, darf ich Sie etwas fragen?"

Die Eisverkäuferin war sehr nett. "Ja, natürlich, was kann ich für dich tun?"

"Gab es hier in letzter Zeit Ärger? Zum Beispiel, dass irgendjemand Flaschen gegen Ihre Hauswand geworfen hat?"

Die Verkäuferin dachte nach.

"Nein, ich glaube nicht. Aber warte mal, ich frag den Chef."

Sie rief nach hinten in den Laden hinein: "Gab's in letzter Zeit Ärger bei uns?"

Ein älterer Mann kam nach vorne. Er musterte Ali misstrauisch. "Warum wollt ihr das wissen?", fragte er.
"Gestern hat jemand Flaschen an die Wand des Altenheims geworfen. Die alten Leute haben sich sehr erschreckt und wir wollen herausfinden, wer das war."
Jetzt schaute der Mann freundlicher. "Also, bei uns ist nichts passiert, aber wenn ihr mal zu dem Fischladen da an der Ecke geht, der Besitzer kann euch was erzählen. Möchtet ihr vielleicht noch ein Eis, bevor ihr weiterzieht?"
Dann schenkte er jedem eine Kugel freier Wahl.

Eis schleckend liefen sie zum Fischladen.
Drinnen stand ein Mann mittleren Alters und eine alte Dame, vermutlich seine Mutter. Als Ali ihnen erklärte, warum sie zu ihnen gekommen waren, hörten sie beide interessiert zu. Bei der Stelle mit den zerberstenden Flaschen wurde die alte Dame ganz blass. Als Ali geendet hatte, nickte der Fischhändler ernst.
"Das kommt mir leider alles sehr bekannt vor. Vor ein paar Wochen, es muss Anfang Juni gewesen sein und Mutter war allein im Laden, da haben ein paar Jungen hunderte von Knallfröschen gegen unsere Hauswand geworfen. Mutter hat sich fürchterlich erschrocken. Seitdem will sie nicht mehr alleine verkaufen."

"Oh. Das tut uns sehr leid", mischte sich jetzt Patsy ein, und zu Hey Jay gewandt: "Seems like they've been here, too. I'll ask her **whether** she'd **recognise** any of them."

"Kannten Sie die Jungen?", fragte sie die alte Dame. "Oder würden Sie sie wiedererkennen, wenn Sie sie noch mal sehen?"

"Nein. Es ging alles so schnell und ich hatte solche Angst. Wisst ihr, es war fast wie damals im Krieg. Ich hab mich nicht getraut, aus dem Fenster zu sehen ..."

Sie klammerte sich an ihren Sohn, der ihr beruhigend die Hand streichelte.

Die Undercover Kids verabschiedeten sich eilig. Vor dem Laden blieben sie stehen.

Patsy bebte vor Zorn. "Oh! Did you hear that? These boys are **such cowards**! **Frightening** poor old people like that! We have to find them!"

"Yes, aber bitte, I want to **go home**, ich hab genug für heute. I'm hungry and tired. Please", bettelte Jola.

---

whether ob
recognise erkennen
such solche
cowards Feiglinge
frightening erschrecken
go home nach Hause gehen

Peter stand schon in der Küche und schnippelte Berge von Rohkost, als die fünf durch die offen stehende Terrassentür ins Haus stürzten.
"Geht mal hoch und schaut euch die Matratzen an", sagte er.
Er hatte ihnen ein tolles Lager eingerichtet mit sechs nagelneuen Gäste-Matratzen. Am Tag konnten sie die zusammenklappen und nebeneinanderstellen, dann sah es aus wie ein riesiges Sofa. Jola war besonders begeistert. Ihre Müdigkeit schien wie weggeblasen. Sie öffnete ihren Koffer. "Achtung, Achtung!", rief sie, und alle schauten gespannt zu ihr hin. Es kamen die verschiedensten Stoffe zum Vorschein.
"Falls jemand 'ne Decke für die Nacht braucht ...", sagte sie stolz. "Oder eine Unterlage oder was weiß ich ... jeder darf sich einen aussuchen."
Und so bekam jeder seinen Platz.

Girls' Day

Am nächsten Morgen wurden sie unsanft aus dem Schlaf gerissen. Um halb acht klingelte es Sturm. Granny! Sie hatte Brötchen mitgebracht und gab keine Ruhe, bis sie alle am Frühstückstisch auf der Terrasse saßen. Sleeping Beauty hockte auf Linas Schoß, immer noch mit ihrem Verband, und Peter unterhielt sich angeregt mit Granny über Wales. Er sei ganz verliebt in dieses wunderschöne Land, durch das er direkt nach dem Abitur getrampt sei, sagte er. Vielleicht würde er mal ein Buch darüber schreiben.
"And my mother should take the photos", schlug Lina vor. Ihre Mutter war Fotografin.
"Ob deine Mutter mir hilft mit den Fotos von meinem Handy?", fragte Jola.
"Bestimmt! Sie wird dir alles zeigen, das liebt sie", antwortete Lina.
Patsy rutschte schon unruhig auf ihrem Stuhl herum. "Granny, I'm sorry, but we have to leave **soon** and **try** to find those boys. You know, the boys we told you about."
"No problem, **sweetie**, I'll help you!"
Oh no, dachte Patsy, sagte aber nichts dazu. "We'd

---

soon bald
try versuchen
sweetie Süße

better go and brush our teeth before we leave", meinte sie nur und ging ins Haus. Die anderen folgten ihr.
"What are we going to do? We can't take Granny with us."
Hey Jay hatte die zündende Idee: "I know what we'll do. We'll go and **visit** Frau Weber. And we'll tell Granny that she should stay and have a nice day with her. She can be our **spy** at the old people's home."
Alle waren begeistert von Hey Jays Vorschlag, besonders Granny.

Frau Weber freute sich wie erwartet ungemein und sie versuchte sich mit Granny auf Englisch zu unterhalten.
"Nice weather, isn't it?"
"Yes, very nice."
"Do you speak German?"
"No, not really. But you speak English very well."
"Oh no, don't say that. I learned it at school, but **I've forgotten** most of it because I **never** speak it. **Would you like** to stay so we can talk a bit?"

---

visit besuchen
spy Spionin
I've forgotten ich habe vergessen
never nie
would you like möchten Sie

"What a wonderful idea!"
Patsy legte ihren Arm um ihre Großmutter.
"Granny, you must **keep an eye on** things here **while** we go and **investigate**. If anything happens, Frau Weber has a mobile, so you can call us **immediately**, all right?"
"**Of course**. **You can rely on me**", meinte Granny stolz.
Ali tippte Frau Weber seine Handynummer ein und die fünf verabschiedeten sich von den beiden.
"Let's go and see Andy first", schlug Ali vor, als sie auf dem Bürgersteig vor dem Altenheim standen. "**He might know** this boy with the 'Vive la France'-Shirt."
"But we don't all have to go there together, do we?", fragte Jola, die Andy nicht besonders mochte.
Sie hatte Recht. Es würde schließlich genügen, wenn Ali hinging. Hey Jay wollte ihn begleiten.

"OK, it's girls' day", grinste Patsy, als die beiden Jungen über die Fußgängerampel in Richtung Hoch-

---

keep an eye on ein wachsames Auge haben auf
while während
investigate ermitteln
immediately sofort
of course natürlich
You can rely on me. Ihr könnt euch auf mich verlassen.
he might know möglicherweise kennt er

haussiedlung spazierten, beide unter Hey Jays Sonnenschirm.
“Wir sollten im Schwimmbad nachfragen, ob man das Handy dieser Frau wiedergefunden hat”, schlug Lina vor. “Zu dumm nur, dass wir kein Schwimmzeug mitgenommen haben”, fügte sie noch seufzend hinzu.
Patsy hielt inne. “Diese blöde Ziege und ihr blödes Handy interessieren mich zwar überhaupt gar nicht, aber vielleicht sehe ich ja das Mädchen.”
“Und hinterher in die Eisdiele?”, fragte Jola.

Am Badesee trafen sie den Bademeister. Nein, es hatte sich nichts Neues ereignet in der Sache mit dem Handy. Die Frau war auch nicht wiedergekommen. Patsy hielt nach dem Mädchen Ausschau, und glaubte sie entdeckt zu haben. Die Kleine planschte im Wasser. Am Ufer hockte ein anderes Mädchen, das etwas älter war als sie. Sie schien auf sie aufzupassen.
“Bist du dir sicher?”, fragte Lina.
“Hm, nein. Nicht aus dieser Entfernung.”
“Ich will aber mein Geld nicht für Eintritt, sondern für ein Eis ausgeben”, schmollte Jola. “Können wir nicht den Bademeister bitten, dass er uns so reinlässt?”
“Schon gut, ich geh alleine”, winkte Patsy ab. “Ich will den Bademeister nicht fragen, nachher verdächtige ich sie zu Unrecht.”

Patsy zahlte und ging zum Wasser hinunter.
Die Kleine sah ganz und gar nicht wie eine Diebin aus. Aber wie sahen Diebe eigentlich aus? Je näher Patsy kam, desto sicherer war sie sich, dass sie das Mädchen von gestern vor sich hatte. It's really her,

dachte Patsy. But what shall I do now? Shall I ask her about the mobile? Shall I look for the **lifeguard** and tell him **I've found** the little **thief**? But I can't **prove** it. She **won't** have it with her – if she really **stole** it at all.

In dem Moment drehte die Kleine sich um und schaute Patsy ins Gesicht. Sie hatte wohl bemerkt, dass diese sie beobachtete. Sie lief zu dem anderen Mädchen. Die zwei riefen laut: "Ben! Be-en!" Und dann kam ein großer Junge angelaufen.

Irgendwie kam er Patsy bekannt vor, aber vermutlich war er nur ein Junge von ihrer Schule.

Mutig blieb sie stehen und lächelte das Mädchen an, als wäre nichts.

Die Kleine kam näher und sprach sie an: "Was guckst'n so?"

"Weiß nicht, einfach so."

"Einfach so?"

"Hmm, einfach so."

"Willste mitspielen? Haste keinen, der mit dir spielt?"

"Nö. Bin alleine hier."

---

lifeguard Bademeister
have found habe gefunden
thief Diebin
prove beweisen
won't wird nicht
stole gestohlen hat

“Du hast ja gar kein Schwimmzeug dabei.”
Patsy spürte, wie sie rot wurde.
Das größere Mädchen und dieser Ben standen nun auch vor ihr. Woher kannte sie den Typen nur?
“Was willst du von uns?”, fragte das andere Mädchen. Sie klang nicht besonders freundlich.
“Patsy! Patsy!!”
Lina stand am Eingang beim Kiosk und winkte ihr zu.
Das war die Rettung!
“Oh, da ist meine Freundin. Die habe ich gesucht, wisst ihr? Man sieht sich!”
Mit diesen Worten sauste Patsy zu Lina.
“Puh! Danke, du hast mich gerettet. Ich wusste null, was ich sagen sollte! Bloß schnell weg hier!”
Patsy rannte los, Lina mit und – so schnell sie eben konnte – Jola hinterher.
Nach einer Weile ließen sich Patsy und Lina auf eine Parkbank plumpsen und warteten.
“Ich schick Ali mal ’ne SMS, ob sie auch in die Eisdiele kommen”, schlug Lina vor.
“Gute Idee, bin gespannt, ob sie was erfahren haben”, stimmte Patsy zu.
Jola kam schnaufend an. “Ihr spinnt echt, bei der Affenhitze so zu rennen.”
Linas Handy fiepste. “Sind schon auf dem Weg”, erschien auf dem Display.
“Los, auf zur Eisdiele.”

Eine erste Spur

Sie hatten gerade bestellt, als sie Hey Jays Sonnenschirm in der Ferne erblickten.
Die beiden hatten eine gute Nachricht: Andy kannte den Jungen mit dem T-Shirt.
"He wants to become a **professional cyclist**. He knows **everything** about the Tour de France and wants to **take part** himself one day. But his parents have no money. So he has to **train** on an old **bike**."
Ali grinste bei der Vorstellung, dass jemand mit einem alten klapprigen Fahrrad bei der Tour de France mitfahren würde. "**By the way**, his name is Ben."
"His name is Ben?", fragte Patsy. Ihr Mund war plötzlich wie ausgetrocknet und ihr Herz klopfte.
"Yes, that's what Andy said."
In Patsys Kopf wirbelten die Gedanken wild durcheinander. Sollte dieser Ben derselbe Ben sein wie der Junge, der mit den Mädchen am See gewesen war? Jetzt fiel Patsy auch ein, wo sie ihn noch gesehen hatte: Er war einer von den drei Jungen am Kiosk, die Hey Jay ihr gezeigt hatte.

---

professional cyclist Radrennfahrer
everything alles
take part teilnehmen
train trainieren
bike Rad
by the way übrigens

Patsy sprang auf und hätte beinahe die Kellnerin mit dem Tablett voller Eisbecher umgeworfen.
"We need to go home at once and **sort it all out**."
Hey Jay zog sie zurück auf ihren Stuhl: "What about Granny?"
Auch das noch! Granny hatte sie total vergessen.
Patsy konnte das Eis nicht wirklich genießen und war froh, als endlich alle fertig waren.
Wie versprochen holten sie zuerst Granny ab, die ihnen die tollsten Geschichten über all die netten alten Leute erzählte, und dass sie beschlossen hatte öfter dorthin zu gehen. Aber für heute wollte Granny erstmal nach Hause.
"Take care, **sweethearts**! Don't be sad, I'll be back soon. But not tomorrow, Patsy, because your mother and I are going to a museum. Maybe we'll take Frau Weber with us. She's such a lovely lady. See you soon!"

Seufzend warf Patsy sich auf ihre Matratze, als sie endlich im Bandenquartier angekommen waren.
"**What's up?**", erkundigte sich Hey Jay.
"Oh, it's just all **too much** right now."
Und dann sprudelte es nur so aus ihr heraus.

---

sort it all out (uns) Klarheit verschaffen
sweethearts Herzchen
What's up? Was ist los?
too much zu viel

"Wow", nickte Hey Jay, als sie alles erzählt hatte.
"Wow", nickte auch Ali. "Dieser Ben scheint seine Finger ja gleich in mehreren üblen Geschäften zu haben."
"Und was wollen wir jetzt machen?", wollte Jola wissen.
"I've no idea. We can't prove anything yet."
"Aber du bist eine Zeugin, du hast sein T-Shirt gesehen nach dem Flaschen-Ding."

"Aber sie hat ihn nicht direkt Flaschen werfen sehen."
"Er war doch auch nicht alleine. Vielleicht hat ja der andere geworfen."
"Und was ist mit dieser Kleinen, die das Handy geklaut hat?"
"**Hold on!**" Hey Jay hatte bei dem Durcheinander natürlich nichts verstanden. "I don't know what you **said**. But I think we must keep an eye on Ben from now on. **Do you all agree?**"
"But not today, please!", bettelte Jola. "I just want to stay here and do nothing for **a while**. Bitte!"
So beschlossen sie, für den Rest des Tages im Bandenquartier zu bleiben. Wie sich erwies, war das eine gute Idee, denn Jolas Mutter kam mit dem Tisch und den Stühlen vorbei, und Alis Vater brachte den Computer. Er saß mindestens eine Stunde vor dem PC, um ihnen alles einzurichten und zu erklären. Lina und Hey Jay kümmerten sich derweil ausgiebig um die Tiere, besonders um Sleeping Beauty.
Am Abend schleppte Peter ihnen noch seine alte Musikanlage hoch, und so war das Bandenquartier schon ziemlich komplett.

Hold on! Wartet!
said gesagt habt
Do you all agree? Seid ihr alle einverstanden?
a while eine Weile

Noch ein Girls' Day

Beim Frühstück am nächsten Morgen gab es einen unerwarteten Streit.

Hey Jay schlug nämlich Folgendes vor: "As I said yesterday, I think we have to find this Ben and watch him and his friends. It would be good to do it with Andy, because he knows him and where he lives. And ..." Hey Jay hielt inne und schaute Ali an, "... well, Ali and I think it's better if just the two of us do this job."

Patsy schaute entgeistert zu Lina. Lina guckte entrüstet zurück.

Jola zuckte die Achseln. "Ihr wollt uns Mädchen nicht dabeihaben?"

"Seid doch nicht gleich beleidigt. We have our **reasons**. We can **explain**!"

Patsy war neugierig. "Let's hear. Bin gespannt auf eure Gründe."

"Okay", begann Ali, "first of all, Andy **trusts** us and he**'s promised to show us around** ..."

"... and to take us to the house where Ben lives."

---

reasons Gründe
explain erklären
trusts vertraut
has promised hat versprochen
to show us around uns die Gegend zu zeigen

"And if this Ben is **the same** Ben who was at the lake with that girl ..."
"... then he knows Patsy and Lina already. He might **get suspicious**. What do you think?"
"Verstehe", meinte Patsy. "Maybe you're right and it's better like this. You go and **meet** Andy and see what you can **find out**. What about you, Jola?"
Die winkte ab. "I want to visit Frau Janotta today. Patsy, Lina – why don't you come with me?"
Lina überlegte. "Good idea. I'd like to see Frau Janotta with her cats before I give Sleeping Beauty back to her. I'll **lend** her my book about cats and how to **treat** them. But I won't stay long. I have to **practise** the **violin** or I'll forget how to play it. And I want to go with Peter to pick up my mother at the **airport** today. Her **flight** gets in in the early afternoon."
Patsy stand auf und ging zur Toilette. Was sollte sie jetzt tun? Untätig herumsitzen und warten, was Ali

the same der gleiche
get suspicious misstrauisch werden
meet treffen
find out herausfinden
lend leihen
treat behandeln
practise üben
violin Geige
airport Flughafen
flight Flug

und Hey Jay herausfanden, dazu hatte sie wirklich keine Lust. Plötzlich fiel es ihr wie Schuppen von den Augen. Natürlich! War doch sonnenklar, was sie tun würde! Und zwar alleine. Sollte heute doch jeder einfach machen, was er oder sie wollte. War in Ordnung. Voll in Ordnung.
Als sie zurückkam, schaute Hey Jay sie erwartungsvoll an.
"So, what do you say?", fragte er.
"You'd better go. Have you talked to Andy yet?" Patsy tat so, als wäre nichts.
"Yes, we said we'd pick him up at 11 o'clock."
"Well, then you should go soon. Don't be late." Patsy grinste ihren Cousin an.

"And what about you? What are you going to do?", wollten alle wissen.
Patsy zuckte nur die Achseln.
"I don't know yet. I'll see."
Sie wollte nicht verraten, was sie vorhatte.
"Okay, let's go then." Ali und Hey Jay zogen ab.
Patsy schnappte sich Sleeping Beauty, ganz so, als wollte sie den Tag mit Katzekraulen verbringen.
Kaum waren Jola und Lina verschwunden, da packte Patsy ihre Schwimmsachen und flitzte zu Peter.
"Du, Peter? Das ist doch okay, wenn ich ein bisschen schwimmen gehe, oder?"
"Kommst du alleine klar, oder soll ich mitkommen?"
"Ach was, ich bin doch kein Baby mehr!"

"Ist gut. Lina und ich sind mittags unterwegs zum Flughafen, wir verstecken einen Schlüssel im großen Oleanderkübel auf der Terrasse, okay?"
"Das ist prima, danke."
Ins Freibad am See wollte Patsy natürlich gehen. Vielleicht traf sie die Kleine wieder und würde etwas von ihr erfahren. Witzig wäre allerdings, wenn dieser Ben auch da wäre. Wäre doch lustig, wenn die Jungen ihn suchten und sie würde ihn finden.

Als sie am See ankam, sah sie sofort die Kleine mit dem anderen Mädchen am Wasser planschen. Zielstrebig ging sie nah heran, legte ihr Handtuch auf den Sand, zog T-Shirt und Hose aus und cremte sich um ihren Kuhbadeanzug herum ein. Es kam so, wie sie es sich gewünscht hatte. Nicht lange, und das kleine Mädchen stand bei ihr.
"Hallo!"
"Hallo", erwiderte Patsy und tat so, als ob sie überlegen müsste. "Ach, du bist das. Beinah hätte ich dich nicht wiedererkannt."
"Kommt deine Freundin wieder zu spät?"
"Nein, heute bin ich ganz alleine da. Sie holt ihre Mutter vom Flughafen ab."
"Toller Badeanzug, so einen hätte ich auch gerne", meinte die Kleine zu Patsys Kuhbadeanzug.
"Ja, ich finde ihn auch super", antwortete Patsy.
"Willste mit uns spielen?", fragte das Mädchen.

“Was sagt denn deine Schwester dazu?” Patsy sah, dass das andere Kind – sie mochte etwa sieben Jahre alt sein – skeptisch zu ihnen herüberblickte. Sie vermutete einfach, dass die beiden Schwestern waren – und hatte Recht.

“Anna? Ach, Anna hat immer was zu meckern. Aber sie hat mir nix zu sagen.”

“Anna heißt sie. Und wie heißt du?” Patsy war aufgestanden und packte ihre Sachen.

“Ich heiß Merle.”

“Das ist aber ein echt süßer Name! Ich heiße Patsy.” Sie ging mit der Kleinen näher ans Ufer und überlegte, wo sie ihre Sachen hinlegen sollte, ohne dass sie nass wurden.

“Wo habt ihr denn euer ganzes Zeug liegen?”

Patsys Herz klopfte. Ob sie wohl wieder mit Ben da waren, und der passte auf die Sachen der Mädchen auf?

“Bei Fritzi und Tobias, da oben, guck.” Dabei zeigte das Mädchen in Richtung große Wiese. Auf einer Decke saßen ein Junge und ein Mädchen, beide etwa in Patsys Alter. Merle winkte ihnen und sie winkten zurück.

“Fritzi ist auch meine Schwester, und Tobias ist ihr Freund”, fügte Merle erklärend hinzu.

Patsy war sich nicht sicher, aber dieser Tobias könnte der Dritte von den Jungen gewesen sein, die am Kiosk gestanden hatten. Also Ben, Tobias und der

kleine Dicke. Aber vielleicht auch nicht. Jungen in dem Alter sahen irgendwie alle gleich aus.
Patsy war enttäuscht, dass dieser Ben nicht da war. Aber vielleicht war es auch gut so. Sie würde sich jetzt um die Kleine kümmern. Who knows? Und so baute sie mit Merle Burgen und tobte mit ihr im Wasser herum. Anna saß im Sand und schaute die ganze Zeit nur missmutig zu.
Irgendwann standen Fritzi und Tobias neben Anna und riefen nach Merle.
She looks like a boy, dachte Patsy über Fritzi und musste ein bisschen grinsen über Tobias und seine ziemlich auffälligen Segelohren. Aber er sah eigentlich ganz sympathisch aus.
"Los, komm raus, wir müssen nach Hause!", rief Fritzi.
"Biste morgen auch wieder hier?", fragte Merle.
"Vielleicht. Mal sehen. Und du?", fragte Patsy.
"Bestimmt", nickte die Kleine. Dann zogen die vier ohne ein weiteres Wort ab.
"Tschüs", rief Patsy noch hinter ihnen her. Aber nur Merle drehte sich um und winkte ihr zu. Patsy mochte die Kleine irgendwie.

Später saß sie auf der Terrasse hinter Linas Haus und wartete auf die Ankunft der anderen.
Als Erste kam Jola und setzte sich mit einer Tüte Chips neben Patsy.

“Ich hab Hunger. Magst du auch ein paar Chips?”
“Nein, ich würde lieber was Richtiges essen. Vielleicht können wir ja irgendwas vorbereiten?”
“Pfannkuchen vielleicht? Dafür braucht man nicht viel”, meinte Jola.
Sie gingen in die Küche. Im Schrank fanden sie Mehl und Zucker und im Kühlschrank Eier und Milch.
“Ich kenn das Rezept auswendig”, sagte Jola stolz.
“Machen wir den Teig fertig, ja?”
Patsy schaute Jola zu.
“Und, wie war’s bei Frau Janotta? Was Interessantes passiert?”
“Och, nö. Aber die ist ganz schön einsam, diese Frau Janotta! Keiner kommt sie besuchen. Ich hab ihr ein bisschen aus Linas Katzenbuch vorgelesen.”
Als sie gerade den ersten Pfannkuchen in der Pfanne hatten, kamen Lina, ihre Mutter und Peter vom Flughafen. Die drei hatten sich viel zu erzählen. Linas Mutter freute sich über den Pfannkuchen, den Patsy und Jola ihr auf die Terrasse brachten.

Als der letzte Pfannkuchen verzehrt war, kamen Hey Jay und Ali. Ali war mies gelaunt.
“Dieser Ben war nirgendwo aufzutreiben. Wahrscheinlich war er beim Schwimmen.”
“No, he wasn’t”, erwiderte Patsy in aller Seelenruhe.
Alle blickten neugierig zu ihr.
Sie räkelte sich gemütlich in ihrem Stuhl herum.

"Do you want to know where I spent my day?"
Was für eine Frage!
"Well, I **went for a swim**. Ben wasn't there, just Merle."
"Who's Merle?", fragte Jola erstaunt.
"The little girl who took the mobile. **I made friends** with her today."
Patsy genoss die verblüfften Blicke der anderen.
"Did you really think I'd stay here all day doing nothing?", fragte sie lachend.

Später, als es etwas kühler wurde, gingen sie noch einmal zusammen los, an der Eisdiele vorbei und an dem Fischladen. Der Fischverkäufer winkte sie herein.
"Na, habt ihr schon etwas herausgefunden?", fragte er sie, doch sie konnten ihm leider nichts erzählen.
Die Undercover Kids fragten noch in verschiedenen anderen Geschäften, aber sonst schien niemand Ärger gehabt zu haben. Schließlich liefen sie um die Wette zurück zu Linas Haus. Klar, dass Ali gewann, und dass Jola die Letzte war. So war das immer.

---

went for a swim bin schwimmen gegangen
made friends ich habe mich angefreundet

Alle Übeltäter auf einen Streich

Am nächsten Morgen klingelte Alis Handy. Es war Frau Weber.

"Was?!" Ali sprang entsetzt auf. "Wir kommen sofort!"

Eine Bande von Kindern hatte früh am Morgen Knallfrösche gegen die Hauswand des Altenheims geworfen.

Ungefrühstückt rasten sie los. Aber wieder hatte niemand irgendetwas gesehen.

Hey Jay und Ali machten sich auf zu Andy, und Patsy, Lina und Jola spazierten zum Freibad am See. Jola wollte erstmal beim Kiosk bleiben und in Ruhe eine Portion Pommes essen.

Patsy hatte Merle und Anna schon erblickt. Sie ging mit Lina zum Wasser.

"Hallo Merle! Hallo Anna!"

Merle freute sich sichtlich, Anna rümpfte nur die Nase.

"Das ist meine Freundin Lina. Heute bin ich nicht alleine da", sagte Patsy zu Merle.

Patsy und Lina breiteten ihre Handtücher aus und zogen gerade ihre Klamotten aus, als drei Jungen und die große Schwester Fritzi auf sie zukamen.

Einer der drei Jungen war tatsächlich Ben.

Patsy wurde ein bisschen mulmig. Zu dritt sahen die nämlich ganz schön angsteinflößend aus. Da waren

sie also endlich alle auf einen Streich: Ben, Tobias und dieser kleine Dicke. Der sah am fiesesten aus.
"Lass meine Schwestern in Ruhe, was willst du von denen?" Fritzi guckte ziemlich unfreundlich.
Anna lief zu ihr."Die kommt immer wieder und will mit uns spielen, das ist doch nicht normal!", schimpfte sie.
Fritzi's **probably jealous** because Merle likes me so much, dachte Patsy.
Merle rannte zu Patsy und nahm ihre Hand.
"Ich find Patsy nett. Die spielt mit mir. Du spielst ja nie mit mir, ich muss immer nur für dich arbeiten", schimpfte Merle Fritzi aus.
Arbeiten?, dachte Patsy.
"Halt die Klappe", motzte Fritzi.
Tobias und Ben schauten Fritzi fragend an, der kleine Dicke hingegen schien zu wissen, worum es ging. Fritzi verteidigte sich: "Hab ich's nicht gesagt, Olaf? Jetzt siehst du mal, was die immer so redet!"
Der Dicke fixierte Merle mit seinen stahlblauen Augen. "Mach keinen Mist!", warnte er sie.
"Der Olaf, der hat mir gar nix zu sagen." Merle hielt Patsys Hand, so fest sie nur konnte. "Und Ben auch nicht und Tobias auch nicht und überhaupt gar keiner!", schimpfte sie dabei mutig weiter.

---

probably wahrscheinlich
jealous eifersüchtig

As if she wanted me to **protect** her, dachte Patsy. Lina schaltete sich ein: "Ich weiß überhaupt nicht, was ihr für ein Problem habt. Patsy hat doch nur mit ihr gespielt, was ist daran so schlimm?"
"Genau, was ist daran so schlimm?" Trotzig schaute Merle ihre Begleiter an. "Ich will mit Patsy und ihrer Freundin spielen. Macht doch euren Kram alleine!"
"Alles klar, kleine Nervensäge. Aber ihr müsst auf sie aufpassen, verstanden?"
Patsy schaute Olaf fest in seine eiskalten blauen Augen. "Erstens hast du uns nichts zu befehlen. Und zweitens ist doch klar, dass wir auf sie aufpassen."

---

as if als ob
protect beschützen

Die drei Jungen, Fritzi und Anna zogen ab. "Tell Jola to watch them. And Ali and Hey Jay have to come as soon as **possible**", raunte Patsy Lina zu und flitzte hinter Merle her ins kühle Nass.

Lina ging zum Kiosk und hockte sich neben Jola auf eine Bank. "Au Mann, das ist ja eine ganz schön harte Bande, die wir da aufgetan haben", meinte die. Sie hatte natürlich alles gesehen.
"Hast du dein Handy mit?", flüsterte Lina zurück.
"Ja, klar!"
"Schick Ali eine SMS, vielleicht können sie schnell kommen und die Typen beobachten. Und bis sie da sind, ist das Beschatten dein Job, okay?"
Jola nickte. Sie legte sich in die Nähe von Ben und seinen Freunden. Diese Typen würde sie nicht mehr aus den Augen lassen.
Aber das war leichter gesagt als getan!
Zuerst gingen zwei von den Jungen ins Wasser. Dann rannte das jüngere Mädchen in Richtung Klo. Jola wurde immer nervöser. So hatte das Beschatten keinen Sinn!
Um Punkt drei holte Fritzi ihre Schwester Merle, und sie verließen das Freibad. Als Hey Jay und Ali endlich kamen, waren sie längst weg.

---

possible möglich

Regen, Regen und noch mehr Regen

Na super! Der Regen prasselte auf die schrägen Dachfenster ihres Bandenquartiers, als die Undercover Kids am Freitagmorgen die Augen aufschlugen.

Raindrops keep falling on my head ... Patsy hatte die Melodie eines Songs im Kopf, wieder mal eine alte Schallplatte von ihrer Mutter. Es gab ganz schön viele Songtexte über den Regen, Patsy fielen da so einige ein. I'm singing in the rain – aber nach Singen im Regen war ihr heute gar nicht zumute. Eher nach: I **can't stand** the rain.

"Mist, kein Freibad, keine Merle!", schimpfte sie laut.

"Well, I guess we'll still go and see Andy", meinte Hey Jay.

"Also wieder ein girls' day", seufzte Jola.

Es wurde ein girls' weekend, denn es blieb bewölkt und regnerisch. Die Jungen waren ständig weg, und abends kamen sie enttäuscht nach Hause. Sie hatten trotz Regen Fußball gespielt und waren immer wie-

---

raindrops Regentropfen
keep falling fallen weiter
can't stand kann nicht leiden

der mit Andy durch das Hochhausviertel gezogen. Offensichtlich hatte dieser Ben aber keinerlei Lust auf Regen. Alle Versuche ihm zu begegnen waren gescheitert. Aber jetzt wussten sie immerhin seine Adresse: Hindenburgstraße 14.

Am späten Sonntagnachmittag saßen sie alle in ihrem Bandenquartier.
"Maybe Ben is **away** on holiday right now, and we'll have to wait for weeks!", befürchtete Ali. Er war sehr unzufrieden.
"Maybe **they realised** that you were following them?", mutmaßte Jola.
"No, I'm sure they haven't realised anything", widersprach Hey Jay.
"That's the **only advantage** we have right now: they don't know anything about us", murmelte er. "Maybe we should **change** our **tactics somehow**."
Patsy nickte zustimmend. Sie hatte längst überlegt, wie sie am besten vorgehen könnten. Jola, Lina und

---

away weg
they realised es wurde ihnen klar
only einzige
advantage Vorteil
change ändern
tactics Taktik
somehow irgendwie

sie hatten nämlich alles aufgeschrieben, was wichtig war. Lina berichtete:
"Erstens: Wir kennen jetzt alle Namen: Merle, Anna und Fritzi. Die drei sind Schwestern. Olaf, das ist der fiese Dicke. Ben, der mit dem 'Vive la France'-Hemd, und schließlich Tobias, der Freund von Fritzi, mit den Segelohren.
Zweitens: Dass Ben mit mindestens einem der anderen Jungs Flaschen und Knallfrösche gegen Häuserwände wirft, ist klar. Sie scheinen damit vor allem ältere Leute erschrecken zu wollen. Die erste Frage ist: Wer von dieser Bande ist daran beteiligt? Die zweite: Wie kann man sie auf frischer Tat ertappen?
Drittens: Klar ist wohl leider auch, dass Merle klaut, möglicherweise im Auftrag dieses Dicken. Fragen: Ist Merle die Einzige, die klaut? Stehlen sie öfter? Letzte Frage: Wie können wir das alles beweisen?"
Patsy hatte es für Hey Jay auch auf Englisch notiert, und er und Ali nickten zustimmend.
"So that's how things look now. What's your plan?"
"You haven't met Ben yet. That's a good thing. Ali and Hey Jay, you should come to the lake, too, when the weather is better. I'll go too, but we'll **pretend that** we don't know **each other**. Since Ben and the others don't know you, you can keep an eye on the

---

pretend that so tun, als ob
each other einander

whole gang while I play with Merle. Jola should be nearby, too, ready to take photos, so that we have **proof** if we need it."

"And me?" Lina war etwas enttäuscht.

"Maybe you should go and see Frau Janotta?"

Patsy wusste, dass sie für Lina die langweiligste Aufgabe von allen im Kopf hatte.

---

whole ganze
proof Beweise

Lina schaute entgeistert.
"Was meinst du, ich soll bei den alten Leuten sitzen?"
"Someone has to stay with them, because the gang might come back again. Granny can't be there all the time. I know this isn't the **most exciting** job. But one of us must do it. And you can't do any of the other jobs **anyway**, because the gang knows you already. I'm sorry, but that's what I think."
Lina kämpfte mit den Tränen, aber Patsy hatte Recht.
"Okay, if it has to be done, I'll do it", seufzte sie.
Der neue Plan stand also.
Schließlich rätselten sie noch herum, ob die sechs auch eine Bande waren und wie sie wohl heißen könnten. "Knallfrösche", war Alis Vermutung. Sie lachten sich halb kaputt darüber. Dann fiel Patsy ein Gedicht ein:

"Ein Bandenkrieg in unserer Stadt,
das ist alles, was unsre Stadt noch nicht hat!
Wir kriegen sie alle, das ist doch wohl klar,
denn die Undercover Kids, die sind wunderbar!"

Gegen sieben klingelte es an der Tür.
Patsys Eltern kamen mit Granny vorbei. Nach einem gemeinsamen Abendessen schnappte sich Hey Jay

---

most exciting aufregendste
anyway sowieso

Granny und ging mit ihr ein paar Runden spazieren. Er wusste, dass sie nach dem Essen immer wahnsinnig gerne einen Spaziergang machte.

"**How are things**?", fragte er sie.

"Oh, I'm fine! I'm having a really good time. How about you?"

"We can't really find out anything much about those kids who **threw bottles** at the old people's home. Can't you go there **more often**, Granny?"

"Oh, but it's so exciting to be in this city and see all the **sights** here! But if you really need me, I'll try to go there as often as possible. How's that?"

"Great, thanks. But will you please let us know when you're going to be there? That way one of us can be there when you're not."

"All right. I hope I don't forget, **darling**."

Hey Jay verzog das Gesicht zu einem Grinsen. Es war nicht klar, ob er Lina damit wirklich geholfen hatte. Aber immerhin: Morgen Vormittag wollte Granny mit Frau Weber Englisch üben. So hatte Lina wenigstens einen halben Tag Zeit für etwas Anderes.

How are things? Wie geht's?
threw geworfen haben
bottles Flaschen
more often öfter
sights Sehenswürdigkeiten
darling Liebling

Die Ereignisse überschlagen sich

Glücklicherweise schien am Montag endlich wieder die Sonne. Patsy war total aufgekratzt, als sie aufwachte und den blauen Himmel sah. Sie wollte heute unbedingt Merles Adresse herausbekommen. Sie würde es nämlich nicht aushalten, noch einmal an Regentagen nur rumzusitzen und nichts tun zu können. Vielleicht könnte sie ja Merle an einem solchen Tag besuchen.

"Get up! Stand up! Wake up! Another sunny day! Let's get ready!"

Sie hatten den Frühstückstisch gerade gedeckt, als Granny mit einer Riesentüte Brötchen und wie immer putzmunter an der Haustür klingelte.

Nach dem Frühstück gingen sie als Erstes alle zusammen zum Altenwohnheim. Frau Weber saß im Garten und las Zeitung. Als sie Granny und die Kinder kommen sah, legte sie die Zeitung beiseite und stand auf. "Hello, **how are you?**", begrüßte sie Granny und reichte ihr die Hand.

"I'm fine, thank you. **If you don't mind** I'm going to stay for the day and take photos if anything happens."

How are you? Wie geht es Ihnen?
If you don't mind. Wenn es Ihnen nichts ausmacht.

"Well, that's fine, but we're all hoping it'll never happen again", antwortete Frau Weber und seufzte.
"Well, I'll stay anyway", sagte Granny und setzte sich. "You'd better go now", sagte sie zu Patsy, "and good luck with your **investigation**!" Eigentlich sah Granny aus, als ob ihr die Aufgabe, bei Frau Weber zu bleiben, ganz gut gefiel.

Patsy und Lina gingen sofort zum Freibad, während Hey Jay, Ali und Jola Frau Janotta einen Besuch abstatteten. Vorne in der Schlange an der Kasse standen Merle, Anna und Fritzi. Sie bemerkten Patsy und Lina nicht. Fritzi nestelte an ihrer Tasche herum und langte mit der Hand hinein. Es sah so aus, als ob sie etwas suchte. Ihre Hand verweilte auffällig lange dort, während Anna bezahlte. Dann lief Merle allen voran zum Wasser.
"Sie sucht dich wahrscheinlich schon", vermutete Lina und drehte an ihrem Zopf.
Aber Patsy und Lina setzten sich erstmal an den Holztisch beim Kiosk.
Bald hatte Merle die beiden entdeckt und kam angerannt. "Hallo Patsy, hallo Lina! Spielt ihr heute wieder mit mir?"
"Klar!" Patsy grinste sie an. "Ich hab dich schon vermisst am Wochenende!"

---

investigation Untersuchung

“Ehrlich?” Die Kleine schaute sie mit großen, glücklichen Augen an.
“Ehrlich!”
“Du kannst mich ja mal besuchen kommen”, strahlte Merle. Dann hielt sie inne und dachte kurz nach. “Oder ich komm dich besuchen. Geht das?”
“Na klar, wir können ja mal unsere Adressen austauschen.”
“Gut, kommt ihr gleich?”
“Machen wir.”
Merle hüpfte zu ihren Schwestern, die das Ganze aus der Ferne beobachtet hatten.
Fritzi ging jetzt weiter weg und breitete ein Laken auf der Liegewiese aus. Wieder glitt ihre Hand in die Tasche und verweilte dort auffällig lange. Anna stand noch bei Merle. Es sah ganz so aus, als ob sie auf Patsy und Lina wartete, um Merle an sie zu übergeben.
“Okay, geh’n wir.”
Patsy stand auf. Das klappte ja wie am Schnürchen. We’ll just **exchange** addresses.

Hey Jay und Ali kamen zehn Minuten später und suchten sich einen schattigen Platz auf der Wiese, von dem aus sie so viel wie möglich überblicken konnten. Sie ließen Patsy und Lina nicht aus den Augen und

---

exchange austauschen

beobachteten, wie Anna noch ein paar Worte mit ihrer kleinen Schwester wechselte und dann in ihre Richtung lief.
"This must be Anna", flüsterte Hey Jay. "Let's see where she's going."
"We don't have a camera. Where's Jola? I **bet** she's reading the whole cat book with Frau Janotta."
Anna lief natürlich zu Fritzi, wo sie sich auf das Laken plumpsen ließ.
"And that must be Fritzi", murmelte Ali. Er beobachtete Fritzi und Anna auf ihrer Decke. Plötzlich stutzte er.
"Look – Fritzi **keeps sticking** her hand into her bag and then **leaves** it there for quite a long time. Don't you think it looks **strange**?"
Fritzi hatte wieder eine Hand in ihrer Tasche.
"As if she's holding something in it", vermutete Hey Jay.
"Really strange", fand Ali.
Dann sahen sie Lina, die auf Anna und Fritzi zuging. Fritzi zog schnell ihre Hand aus der Tasche und machte den Reißverschluss zu.
Ali und Hey Jay konnten gut hören, was Lina sagte.
"Hallo! Ich bin Lina."

---

bet wette
keeps sticking steckt immer wieder
leaves lässt
strange komisch

"Mensch, das wissen wir doch längst", war Fritzis patzige Antwort. "Was willst du von uns?"
"Nichts weiter. Merle hat mir nur erzählt, du hättest eine Ratte, und weil ich auch ein paar Haustiere habe, war ich neugierig. Wie ist denn eine Ratte? Kann man die erziehen oder so?"
"Das geht dich gar nichts an." Fritzi war sauer. "Geh doch in 'nen Zooladen, wenn du das wissen willst. Außerdem soll Merle nicht so viel erzählen. Fragt ihr sie aus oder was?"
"Ausfragen? Wieso sollten wir sie ausfragen?" Lina tat erstaunt.
"Lina's very clever", flüsterte Ali Hey Jay zu. "Merle **told** them that her sister has a **rat**."
"Right! I'm sure that's what she's got in her bag."
"I wonder why she**'s brought** her rat here ..."
"Where's Jola? If you're right, Fritzi might be about to do something with this rat." Hey Jay überlegte nicht lange: "One of us should try to meet Lina at the kiosk. I'll go and get something to drink."
Ali ließ die Mädchen nicht aus den Augen, während Hey Jay gemütlich zum Kiosk schlenderte. Lina hatte den Wink verstanden und kam ebenfalls zum Kiosk. "Everything okay?", fragte er Lina und bestellte zwei Limonaden.

---

told hat erzählt
rat Ratte
has brought mitgebracht hat

"Yes, everything's fine. I hope Jola comes soon. Send her a **message**, will you? Merle said something incredible might happen here today. And Fritzi owns a rat. We're not sure, but we think she's got it in her bag." Lina sprach so leise, dass niemand außer Hey Jay sie verstehen konnte.
"Yes, I think so too. We'll **contact** Jola."
Hey Jay zog ab mit der Limonade. Ali schickte Jola sofort eine SMS. Aber Jola antwortete nicht.
"I guess she's on her way", teilte er Hey Jay mit.
"I hope so. I hope it's not a **sign** that something's wrong."
Sie hatten allerdings bald keine Zeit mehr, sich über Jola Gedanken zu machen, denn Anna war aufgestanden und ein Stück von ihrer Decke weggelaufen. Fritzi fummelte in ihrer Tasche herum, und dann ging alles so schnell, dass sie hinterher nicht mehr genau sagen konnten, wie alles geschehen war.
Plötzlich war die Ratte frei und rannte in einem Irrsinnstempo über die Liegewiese. Anna rannte hinter ihr her und kreischte wie verrückt: "Eine Ratte! Eine Ratte!"
Ali sprang auf. "I'll follow her!", raunte er Hey Jay zu.
"I'm sure this is a trick, I'll keep an eye on Fritzi!", flüsterte Hey Jay.

---

message Nachricht
contact kontaktieren
sign Zeichen

Ali folgte Anna. Er war längst nicht der Einzige, denn es war ein wildes Gekreische und Gerenne auf der Liegewiese ausgebrochen. Die meisten Leute wollten die Ratte unbedingt sehen. Andere liefen schreiend weg.
Hey Jay war sich ganz sicher, dass Fritzi etwas plante. Innerhalb weniger Sekunden war die Liegewiese wie leer gefegt, und er hatte sich hinter einem Comic versteckt, ganz so, als ob ihn das alles überhaupt nicht interessieren würde. Er hatte zu Hause ein paar kleine Löcher in die Seiten gebohrt, sodass er unbemerkt alles durch das Heft hindurch beobachten konnte.

Fritzi schaute sich um, stand in aller Ruhe auf und begann eine Tasche auf der Nachbardecke zu durchsuchen. Bald hatte sie eine Geldbörse in der Hand, ging damit zu ihrer Decke und stopfte sie in die Tasche.
Das konnte Hey Jay nicht länger mit ansehen, das war Diebstahl und wirklich nicht in Ordnung! Er wollte gerade aufspringen, als die ganze Meute mit Anna an der Spitze angerast kam. Hey Jay starrte auf die Wiese, aber die Ratte konnte er nirgendwo entdecken. Er sah nur, wie Fritzi plötzlich den Reißverschluss ihrer Tasche zuzog. War die Ratte schon wieder bei ihr? Hey Jay war sich nicht sicher.

Anna raste an ihrer Schwester Fritzi vorbei, als ob sie sie nicht kennen würde, und schrie: "Die Ratte, da ist sie, wir müssen sie fangen!" Und die Leute liefen einfach hinter ihr her.

Ali stoppte bei Hey Jay.

"Did you see the rat?", fragte er.

"No. But I think it's back in Fritzi's bag. Did you see it?"

"Only at the **beginning**. It was running around like crazy! But then I lost it."

"I saw something else."

Ali ließ sich auf die Decke fallen. "Tell me about it."

"Fritzi's a thief. I saw her steal someone's purse", flüsterte Hey Jay.

"Fritzi a thief?", fragte Ali und erst jetzt schauten sie in die Richtung, wo Fritzi eben noch gesessen hatte. Sie war weg!

Die Decke lag noch da, aber Fritzi und ihre Tasche waren verschwunden.

"Where is she?" Hey Jay und Ali sprangen auf. "I bet she's leaving right now – let's follow her", rief Ali.

Lina kam angerannt.

"Did you see anything? What happened? Was it Fritzi's rat?"

"We'll tell you **later** – we have to follow her. Fritzi's

---

beginning Anfang
later später

gone!" Hey Jay und Ali zogen sich an, so schnell sie konnten.

"Okay, see you **at my place**. **Be careful!**"

Hey Jay und Ali rannten los und aus dem Freibad hinaus. An der Kasse stand Jola.

"Hey, ich muss euch was erzählen!"

Sie rief hinter ihnen her, aber die beiden wollten keine Sekunde verlieren.

"Später", rief Ali ihr nur zu.

Ali entdeckte Fritzi zuerst. Sie spazierte gemütlich den Weg durch den Park entlang.

In größtmöglichem Abstand folgten ihr die beiden. Sie sahen, dass Fritzi auch jetzt ihre Hand in der Tasche hatte.

"I'm sure it's not because **she's counting** the money", meinte Ali böse. Er war sehr aufgebracht. Leute zu bestehlen, das war für ihn das Letzte. Er verachtete Fritzi dafür und wäre am liebsten zu ihr hingerannt und hätte ihr die Tasche aus der Hand gerissen.

"Let's find out what she's going to do." Hey Jay versuchte ihn zu beruhigen.

Sie gingen weiter durch den Park und kamen schließlich in die Hochhaussiedlung, wo Andy und auch

---

at my place bei mir zu Hause
Be careful! Seid vorsichtig!
she's counting sie zählt

dieser Ben wohnten. Fritzi verschwand im Haus mit der Nummer zwölf.
"This is all wrong! We should have stopped her! Now the money's gone, and we can't prove anything!"
Ali warf sich wütend auf die Wiese.
Hey Jay hockte sich neben ihn.
"At first I thought so, too. But what would happen then?"
"I don't know. The person she stole from would get the money back."
Hey Jay dachte nach.
"Yes, that's right. I just wanted to stop her, too. But then I thought about it again, and I think it would be much better to find out who else is **involved**. Maybe they are **organised**, an organised gang of thieves. If Fritzi were **caught** now, the others would be **warned**. And they'd know about us."
Ali überlegte. Vielleicht hatte Hey Jay Recht.
"So what are we going to do now?"
In dem Augenblick ging die Tür des Hauses auf und Fritzi kam heraus. Die Tasche hatte sie nicht mehr bei sich.
So schnell sie konnten, robbten Hey Jay und Ali hin-

---

involved beteiligt
organised organisiert
caught erwischt
warned gewarnt

ter eine Mauer, die neben der Treppe zum Keller war. Sie lugten vorsichtig um die Ecke. Fritzi hatte sie glücklicherweise nicht bemerkt, sie war in ein Gespräch vertieft und hatte keine Augen für ihre Umgebung. Sie redete mit diesem Dicken, Olaf, oder wie auch immer er hieß. Er hatte seinen Arm um Fritzis Schulter gelegt, was ziemlich seltsam aussah, weil er um einiges kleiner war als sie. So gingen sie einen Häusereingang weiter, zum Haus Nummer 14. Dort verschwanden sie.

Hey Jay grübelte.
"I wonder what they're talking about. And I wonder if he knows what Fritzi **is up to**. I really want to know how much the others are involved. And I want to know what Olaf was doing at the lake the night of my dare."
Hey Jay und Ali mussten nicht lange warten, bis Fritzi wieder aus dem Haus kam. Diesmal waren alle drei Jungs bei ihr: Olaf, dieser Tobias, und hinter ihnen latschte Ben! Ja, das musste Ben sein, denn er trug ein T-Shirt mit der Aufschrift 'Vive la France'.
"I wonder whether the boys know about her stealing", grübelte Hey Jay.
"What do you mean? I think they're a gang and Olaf is their leader. I'm sure they all know and now **they're sharing** the money", erwiderte Ali.
Die vier kamen jetzt geradewegs auf sie zu. Ali und Hey Jay liefen geduckt an der Mauer entlang und rannten hinter das Haus. Nach einer Weile schauten sie um die Ecke. Die vier waren weg.
"Damn", murrte Ali.
"It's okay. We've seen enough. Let's go and meet the girls. Send a message to Jola. We need to meet as soon as possible."

---

is up to im Schilde führt
they're sharing sie teilen

Es geht voran

Jola saß gerade auf ihrer Decke und aß Chips, als die Nachricht kam. Patsy und Lina planschten mit Merle im Wasser herum.
Wie es schien, war auch Anna ein bisschen aufgetaut und spielte mit. Patsy und Lina waren scheinbar die geborenen Babysitter. Jola packte ihre Sachen und schlenderte zum Kiosk in der Hoffnung, dass eine ihrer Freundinnen zu ihr herüberschauen würde.
Es dauerte mindestens zehn Minuten, bis Patsy sie endlich entdeckte.
"Bist du jetzt erst gekommen? Wir hätten dich hier gut gebrauchen können! Hier war nämlich die Ratte los!", begrüßte Patsy sie etwas säuerlich.
"Die Ratte?" Jola schaute entsetzt.
"Später", winkte Patsy ab. Sollte Jola doch ein bisschen schmoren.
"Naja, da wo ich war, war auch einiges los", entgegnete Jola genauso säuerlich.
"Wieso? Was denn?", wollte Patsy wissen.
"Später", sagte Jola spitz und kaufte sich eine neue Tüte Chips. "Außerdem sollen wir unbedingt zum Bandenquartier kommen, Nachricht von den Jungs."
Dann ging sie, ohne sich noch einmal umzusehen.
Patsy schaute verblüfft hinter ihr her. Dann rannte sie zu Lina.
"Mensch Lina, wir haben total vergessen, dass meine

Oma heute zu Besuch kommt, wir müssen schnell nach Hause!" Dabei packte sie und zog ihre Sachen über.
Lina war etwas überrumpelt. "Deine Oma? Wieso?" Aber dann kapierte sie. "Ach ja, natürlich, ich hab das auch glatt vergessen. Heute war aber auch viel los hier."
"Merle, tut mir leid. Aber morgen sehen wir uns bestimmt wieder, oder?"
Merle war sichtlich enttäuscht. "Und wenn's wieder regnet?"
"Dann komm ich dich besuchen, soll ich?", sagte Patsy.
"Das würdest du tun?" Merles Augen leuchteten.
"Wenn du mir sagst, wo du wohnst?" Patsys Herz klopfte.
"Hindenburgstraße 12, klingeln bei Petersen", sagte die Kleine wie aus der Pistole geschossen. "Dann zeig ich euch auch unsere Ratte. Du kommst doch mit, oder?", fragte sie Lina.
"Vielleicht", antwortete die. "Und bald zeige ich euch auch mal meinen kleinen Zoo, ja? Aber jetzt müssen wir leider sofort los. Macht's gut, bis morgen!"
Als sie draußen waren, hielten die beiden einen Augenblick inne.
"Nachricht von den Jungs, Bandenmeeting. Und wir haben Merles Adresse! We did it!", lachte Patsy stolz.

"Now and forever ...", grinste sie.
"... we'll always stick together", vollendete Lina ihren alten Bandenspruch.
Und dann rasten sie nach Hause.

Was für Neuigkeiten sie dort erwarteten! Aufgeregt hockten sie auf ihren Matratzen und redeten durcheinander. Nur Jola saß am Computer.
"**War** of the gangs", sagte Patsy kämpferisch, "no matter where they are, no matter what they did – we'll get them, **sooner or later**. They can't **escape**."
"I wonder if they really are a gang."

Typisch Hey Jay. Mathematiker. Denker. Typisch. Der fand wieder ein Haar in der Suppe.
Jola saß immer noch am Computer und starrte auf den Bildschirm.
"Have a look", sagte sie.
Alle schauten über ihre Schulter. Auf dem Bildschirm erschien ein Foto, und auf dem Foto sah man drei Jungen.
"This is Ben, and the other one is Olaf, definitely! And Tobias is the **third**. Where did you take this photo? And when?" Patsy war begeistert.

---

war Krieg
sooner or later früher oder später
escape entkommen
third Dritte

"Hold on a **second**", erwiderte Jola nur.
Auf dem nächsten Foto sah man, wie die drei im Vorgarten des Altenheims herumschlichen. Das dritte Bild zeigte, wie Olaf Antons Rosenbüsche herausriss, während Ben links und Tobias rechts Schmiere standen.
"Wow, Jola, how did you do that?", fragte Hey Jay bewundernd.
"I went to see Frau Janotta, remember? She didn't want me to leave. Not **many** people visit her, I guess. **I'd started** to read to her when suddenly I heard something outside. From behind Frau Janotta's curtain I could see what was going on."
Jola schaute stolz in die Runde. Sie hatten Beweise!

second Sekunde
many viele
had started hatte angefangen

Fußball schafft neue Freunde

Am nächsten Tag regnete es zwar nicht, aber es war wieder etwas kühler und bewölkt. Sie blieben länger liegen und quatschten. Sleeping Beauty sprang von einem zum anderen und ließ sich genießerisch kraulen. Auch die Kaninchen waren überall unterwegs. Am lustigsten war Ketchup. Er machte immer wieder Luftsprünge und schlug Haken.

Auf einmal klingelte Alis Handy. "My parents, I guess", meinte er.

Aber es waren nicht seine Eltern, es war Andy. Ali verabredete sich mit ihm zum Fußball.

"Is it okay if I join you? It's good weather for playing football." Hey Jay wollte natürlich mit. "What do you think – are we going to play right **in front of** houses number 12 and 14?"

Ali grinste: "Sure."

Patsy wurde ganz neidisch. Sie liebte Fußballspielen sehr, und sie war auch bestimmt nicht die Schlechteste in ihrer Mannschaft. Aber heute war das unwichtig. Patsy wollte unbedingt Merle besuchen gehen.

"Well, I'll go and see Merle. What about you, Lina?"

Lina überlegte. "I think I have to take Sleeping Beauty back to Frau Janotta", sagte sie traurig. Da schauten sie alle ziemlich betrübt. Sleeping Beauty

---

in front of vor

gehörte schon so sehr zu ihnen. Die Undercover Kids entschieden also, dass sie diese schwere Aufgabe gemeinsam bewältigen wollten.
“I’d like to see Granny, too, and see how she’s doing there. I’m sure she’s teaching them all English by now.”
Tatsächlich saß Granny unter einem großen Schirm im Garten mit einigen Leuten und sie versuchten unter großem Gelächter sich auf Englisch miteinander zu unterhalten.
“How are things?”, fragte Granny, als die fünf bei ihr standen.
“Oh, it’s exciting. Soon we’ll be able to prove everything!” Patsy war verdammt stolz auf ihre Bande. Aber was würde eigentlich passieren, wenn die Undercover Kids wirklich alles beweisen konnten? Sollten sie dann zur Polizei gehen? Patsy wusste nicht, was eine Meldung bei der Polizei für Folgen haben würde. Und sie bangte um Merle.
Aber jetzt mussten sie erstmal Sleeping Beauty bei ihrer Besitzerin abliefern.
Schweren Herzens gingen sie zu Frau Janotta. Die alte Dame freute sich wahnsinnig, ihre kleine Katze wiederzusehen. Die jedoch strich nur um die Beine der Kinder und es sah nicht so aus, als ob sie sich hier zu Hause fühlen würde. Als eine andere Katze sie anfauchte, sprang sie auf Linas Arm und zitterte vor Angst.

"Oh", sagte Frau Janotta bestürzt, "sie fühlt sich ganz fremd hier, die arme Kleine. Was machen wir denn da?"

"That's easy. We just keep her", meinte Hey Jay leichthin.

Alle guckten ihn an, auch Frau Janotta, obwohl sie nichts verstand.

"Did you know that cats love **cat mint**? And Lina's garden is full of cat mint. It's a **cat paradise**. It says so in your book", fügte Hey Jay noch hinzu.

Patsy staunte mal wieder über ihren Cousin.

Lina sah glücklich aus.

"Sie kann bei mir bleiben", sagte sie voller Hoffnung.

"Was sagst du?", hakte Frau Janotta nach.

Lina rief, so laut sie nur konnte: "Ich würde sie gerne behalten!"

Frau Janotta weinte ein bisschen, aber dann sah sie ein, dass Sleeping Beauty es bei Lina gut gehen würde. Lina ging also mit ihrer Katze wieder nach Hause. Ali zog mit Hey Jay los. Jola blieb und las Frau Janotta vor. Auf dem Tisch lag schon eine Tüte Chips für sie bereit. Patsy aber machte sich auf den Weg zu Merle.

---

cat mint Katzenminze
cat paradise Katzenparadies

Sie war ganz schön aufgeregt, als sie auf die Häuser in der Hindenburgstraße zuging. Hey Jay und Ali waren noch nicht zu sehen. Patsy suchte das Schild mit dem Namen Petersen und klingelte.
Der Summer ertönte und Patsy war im Haus.

Drei Minuten später kamen die Jungens auf die Wiese. Der arme Hey Jay musste ins Tor.
Not my favourite position, dachte er. Er stand nicht gerne im Tor. Wenn jemand mit Wucht schießen konnte, war der Torwart einfach nur im Weg und das gab oft blaue Flecken. Ali trainierte mit Andy dribbeln. Plötzlich kamen Tobias und Ben aus einem Haus und hielten kurz inne. Sie beobachteten die drei Fußballspieler für einen Moment. Dann sah es so aus, als ob sie weggehen wollten.
What shall I do now?, dachte Hey Jay nervös. Aber natürlich hatte er eine Idee. Den nächsten Ball, den Ali auf das Tor schoss, schoss er zurück – aber mit so viel Kraft, dass der Ball viel zu weit flog ... und Ben im Rücken traf.
Well done, dachte Hey Jay stolz und rannte hinter dem Ball her.
"Oh, I'm so sorry. Did I hurt you?", rief er Ben zu.
Jetzt hatten natürlich auch Ali und Andy kapiert, was passiert war, und liefen ebenfalls zu Ben.
"Was redet denn der so komisch?", fragte Tobias.
"Der? Englisch, er kann kein Deutsch", erklärte Ali.

"Und wer bist du?", wollte Tobias wissen.
"Ich, oh, ich bin Ali."
"Wohnst du auch hier? Hab dich noch nie gesehen."
"Nee, ich wohn hier nicht, ich besuche nur meinen Freund Andy."
"Das is dein Freund? Naja. Aber Fußball spielen kannst du gut. Spielst du viel?"
"Ja. Ich bin in einer Mannschaft. Macht echt Spaß!"
"Is das teuer?", wollte Ben wissen.
"Nö, kostet nicht viel", antwortete Ali.
"Willste jetzt plötzlich Fußballspieler werden?", fragte ihn Tobias belustigt.
"Könnt ich doch mal versuchen. Vielleicht besser als Fahrrad fahren."

"Spielt doch einfach mit", schlug Ali vor.
"Nö, geht nicht, wir sind verabredet." Tobias drehte sich um und wollte weiter.
"Halt mal", bremste ihn Ben. "Du kannst doch Olaf alleine besuchen gehen."
Tobias zuckte die Achseln und zog ab.
Ben starrte Hey Jay an. "Und der kann gar kein Deutsch?"
"Nur Englisch", antwortete Andy.
"Kennt der Manchester United?"
"He wants to know whether you know Manchester United", übersetzte Ali.
"Sure! Tell him I'm a big Manchester United fan. I could get him a Man U. T-shirt if he wants one!"

Die Falle hatte zugeschnappt. Ein T-Shirt mit den Farben von Manchester United, einem der berühmtesten Fußballteams! Und Fußballstar werden! Bens Augen leuchteten. Hey Jay nutzte diese Begeisterung und schlug Ben vor, sich als Torwart zu versuchen. Ben folgte brav, und Hey Jay freute sich insgeheim, dass er raus war aus dem Tor.

Ben war gar nicht schlecht. Er fing jeden Ball, den die anderen in seine Richtung schossen. Wobei Ali sich mit seinem Können etwas zurückhielt. Sie wollten Ben ja schließlich für sich gewinnen.

"Ich könnte dich mal mitnehmen zum Training. Hättest du Lust?", fragte er Ben.

"Einfach so?"

"Klar! Es gibt nicht so viele gute Torleute!"

Ali war sich zwar nicht so sicher, wie er behauptete, aber er würde das schon irgendwie hinkriegen.

Mit Merle allein

Patsy saß unterdessen mit Merle in einem Zimmer, das diese sich mit Anna und Fritzi teilte. Die Wohnung war nicht sehr groß.
Merle wollte mit Patsy große bunte Bilder malen, und Fritzi und Anna gingen in die Küche.
Unauffällig schaute sich Patsy im Zimmer um. Auf der Fensterbank entdeckte sie ein Handy.
"Hey, ihr habt ein Handy? Meine Eltern kaufen mir keins", bemerkte sie so ganz nebenbei.
Merle wurde ein bisschen unruhig. She doesn't want to talk about it, dachte Patsy.
"Das gehört keinem. Wir haben kein Geld für so was", sagte Merle. "Das ist ...", sie zögerte einen Augenblick, bevor sie weitersprach, "... das ist nur geliehen."
"Geliehen?", fragte Patsy nach und malte dabei weiter.
"Ja, von Fritzi. Die braucht ein Handy. Wegen Tobias. Der findet das toll. Und Fritzi ist verknallt in den, weißt du? Aber nicht verraten, dass ich was gesagt hab, versprochen?"
"Ehrenwort!"
Nach einer Weile hakte Patsy nach.
"Wo kann man denn Handys ausleihen? Das wäre vielleicht auch was für mich."
Merle malte schweigend und hoch konzentriert weiter.

“Weiß nicht”, murmelte sie nur noch.
Patsy wusste, dass sie jetzt nicht weiterfragen durfte.
“Was malst du denn da?”, fragte sie deshalb, damit Merle auf andere Gedanken kam.
“Ein Gefängnis!”
“Wie kommst du denn darauf?”, erschrak Patsy.
“Diebe kommen doch ins Gefängnis, oder?” Merle schaute Patsy an.
In diesem Augenblick riss Fritzi die Zimmertür auf.
Damn, I hope she didn’t hear anything, dachte Patsy.
Fritzi schaute sie argwöhnisch an.
“Kannste jetzt mal gehen?”
“Schmeißt du mich raus?”
“Ja. Wir haben was Wichtiges zu tun”, bestimmte Fritzi mit strengem Blick zu Merle. Die sagte nichts.
“Ist gut. Wir sehen uns. Tschüs, Merle.”
Patsy stand auf, zwinkerte Merle zu und verließ die Wohnung. Aber sie fühlte sich gar nicht wohl in ihrer Haut. Unbemerkt von den Jungen lief sie zu Lina nach Hause.
Lina und Jola lagen im Wohnzimmer auf dem Sofa und schauten Fernsehen mit Peter.
“Pscht, ein Krimi”, flüsterten sie Patsy zu.
Patsy ging hoch ins Bandenquartier. Sie hatte keine Lust mitzugucken. Nichts ist schlimmer als ein halber Krimi.
Jetzt konnte sie endlich den Text aufschreiben, der ihr schon die ganze Zeit im Kopf herumschwirrte:

Eine Ratte ist wild und bringt Bewegung rein
Dabei ist eine Ratte doch wirklich sehr klein
Aber alle Leute brechen in Panik aus
Wegen einer kleinen Ratte oder einer Maus
Dabei sind die Tiere klüger, als die meisten wissen
Sie können viel mehr als in Kellerecken ...

Weiter kam sie nicht, denn Hey Jay und Ali trudelten ein. Ali sprang unter die Dusche, und Patsy nutzte die Gelegenheit, mit ihrem Cousin ein paar Worte alleine zu reden. Hey Jay grinste.

"Ben is a football **fanatic** now. Tomorrow he wants to go on with the training. I guess from now on we'll be training every day. What happened at Merle's, anything important?"

"I'm not sure. Merle painted a **prison**, because that's where thieves **end up**, she said. And I saw a mobile on her **windowsill**. Merle said it didn't **belong** to them. She said Fritzi borrowed it because she wanted to **impress** Tobias. Very strange. But before she could say any more Fritzi came in and **threw me out**."

---

football fanatic Footballfanatiker
prison Gefängnis
end up enden
windowsill Fensterbank
belong gehören
impress imponieren
threw me out hat mich rausgeworfen

"Did she hear you talking to Merle?"
"I'm not sure."
"Hm. Doesn't sound too good. But hold on. Did you say she wanted to impress Tobias?"
"Yes, that's what Merle said. Fritzi's **in love with** him."
"Wow! That makes me think more and more that they're not working together. What do you think?"
Patsy hatte darüber noch nicht so richtig nachgedacht. "What do you mean exactly?"
"I don't know if the right hand knows what the left hand is doing. Do you understand?"
"But Olaf seems to be the **ringleader**."
"Maybe. Maybe he knows a lot, but maybe he doesn't ..."
"So you think that the boys might not know what the girls are doing?"
"And the girls might not know what the boys are doing. Yes, that's what I think. I wonder what they do know about each other. But we definitely have to be very careful from now on."
Patsy wusste noch nicht, was sie von Hey Jays Vermutung halten sollte. Aber in einem hatte Hey Jay verdammt Recht: Sie mussten vorsichtig sein. Patsy wurde das Gefühl nicht los, dass sie Merle in Schwie-

---

in love with verliebt in
ringleader Anführer

rigkeiten gebracht hatte. Aber schließlich waren die drei Mädchen Schwestern. Merle würde schon nichts passieren.

“What about Frau Weber and the other old people? Have you heard any **news**?”, fragte Hey Jay jetzt.

“No, Jola and Lina were already watching television when I arrived. But I'm hungry now. Let's get something to eat.”

Hey Jay und Patsy schlichen in die Küche.

“Patsy, do you remember when you saw those two people running away after throwing bottles at the old people's home?”

“Of course!”

“Were any of the girls with them?”

Patsy dachte nach. Als sie hinter den Tätern hergelaufen war, hatte sie nur Jungs gesehen. Zwei Jungs. Kein Mädchen.

“No girls.”

“Sure?”

“Sure. Hang on. Fritzi looks like a boy. Maybe she was with Ben. No, the second one was definitely Olaf. Why do you ask?”

Patsy schaute ihren Cousin an. Was heckte er da in seinem Denkerhirn aus? “You think only the girls are the thieves, and only the boys are the **vandals**?”

---

news Neuigkeiten
vandals Wandalen

"Maybe."
Jetzt kamen auch Jola und Lina in die Küche. Sie hatten überhaupt keine gute Laune.
"What's wrong with you? Was it a bad film?", wunderte sich Patsy.
"Nein, wir müssen euch nur etwas ziemlich Dummes erzählen."
Sie warteten noch, bis Ali endlich fertig geduscht hatte und sie alle zusammen auf der Terrasse saßen.
Jola und Lina waren vor dem Haus von Frau Weber auf Olaf und Tobias gestoßen. Ganz plötzlich waren die beiden aufgetaucht. Und sie hatten Lina natürlich sofort erkannt.
"Was machst'n du hier?", hatte Olaf gefragt.
Tobias hatte gegrinst. "Vielleicht wohnt ihre Oma hier."
In dem Augenblick war glücklicherweise Granny mit Frau Weber um die Ecke gekommen.
"Wait for me, I'm coming", hatte sie Jola und Lina zugerufen.
So waren sie aus dieser brenzligen Situation irgendwie noch gut herausgekommen, aber wenn Olaf und Tobias clever waren, könnten sie Verdacht schöpfen.
Dann erzählte Patsy von Merle, und Ali und Hey Jay berichteten vom erfolgreichen Fußballspiel mit Ben.
"We really must be very careful from now on. It's getting dangerous", schärfte Hey Jay ihnen allen zum Abschluss noch einmal ein.

Patsy in der Falle

Am nächsten Morgen trödelten sie lange herum und Patsy war ziemlich spät dran. Merle würde sicher schon längst auf sie warten.
Wie schön war dieser See! Patsy freute sich, wieder hier zu sein. Das war das Schönste an Ferien, man konnte den ganzen Tag schwimmen – und ohne Unterbrechung Detektiv sein.
Plötzlich kam der Bademeister auf sie zugelaufen.
"Hey, bist du nicht das Mädchen, das beobachtet hat, wie das Handy geklaut wurde? Das Handy von dieser unfreundlichen Frau, die euch verdächtigt hat?"
"Ja, das war ich, wieso?"
"Heute Morgen lag dieses verflixte Handy und eine ebenfalls vor Kurzem geklaute Geldbörse auf der Ablage beim Kiosk. Irgendwer muss es in der Nacht hergelegt haben. Das Geld war natürlich weg und mit dem Handy wurde vermutlich telefoniert, bis der Akku leer war. Seltsam das Ganze, findest du nicht?"
Er hielt die Geldbörse und das Handy in der Hand. Patsy bemerkte, dass es genauso aussah wie das Handy in Merles Zimmer.
"Ja, finde ich auch. Aber es ist doch gut so, die Besitzer werden sich sicherlich freuen", meinte sie nur kurz angebunden und lief dann weiter. Hauptsache, er beobachtete sie nicht und sah sie mit Merle. Er könnte auf komische Gedanken kommen.

Kam er aber nicht.
Merle war nämlich nicht da.
Patsy versuchte einen klaren Kopf zu bekommen.
Merle war nicht da, aber dafür die gestohlenen Sachen. Sie waren vermutlich von Olaf in der Nacht zurückgebracht worden. Hatte Fritzi bemerkt, dass Patsy und die Undercover Kids ihnen auf die Schliche gekommen waren? And what if Merle is **in trouble** because of me?, dachte Patsy panisch. I have to find out!
Sie verließ das Schwimmbad und rannte durch den Park zur Hindenburgstraße. Dort klingelte sie ohne Zögern bei Petersen. Der Türöffner wurde betätigt und sie lief ins Haus bis vor die Wohnung. Die Wohnungstür war verschlossen, und sie klingelte erneut.
Anna öffnete ihr.
"Du bist das schon wieder?", fragte die mürrisch.
"Ist Merle da?"
"Klar, die hat aber keine Zeit für dich."
Anna wollte die Tür schon wieder zumachen, aber Patsy schob ihren Fuß in den Spalt.
"Kann ich sie wenigstens kurz sehen?"
Da kam Fritzi mit Merle an der Hand aus ihrem Zimmer geschossen.
"Hey, alles in Ordnung mit dir? Ich dachte du wärst krank oder so." Patsy versuchte ruhig zu bleiben.

---

in trouble in Schwierigkeiten

"Bin gesund", sagte Merle nur kurz.
She won't really look at me. What's wrong with her?, dachte Patsy.
Fritzi grinste sie verbissen an: "Merle hat erzählt, du wolltest gerne mal meine Ratte sehen. Na dann komm mal mit." Zu Anna meinte sie noch: "Sag Olaf Bescheid!"
Und dann zerrte sie Merle hinter sich her die Treppen hinunter. Patsy folgte ihr. Fritzi ging in den Keller und stoppte vor einer abgeschlossenen Tür. Sie fummelte mit ihrer Hand über dem Türstock und zog einen Schlüssel herunter, dann öffnete sie die Tür und ging hinein.

In einem großen Käfig huschte die Ratte in ein Häuschen. Man sah nur noch ihren Schwanz.
"Warum ist sie im Keller?", wollte Patsy wissen.
"Au Mann, du stellst vielleicht Fragen", maulte Fritzi sie an. "Weil meine Mutter keine Ratten mag und weil Anna allergisch ist. Reicht das?"
Auf einmal hörte Patsy die Kellertür zuknallen und eilige Schritte näher kommen. Patsys Herz raste. Sie hatte plötzlich Angst.
Im nächsten Augenblick drängten sich Anna, Olaf, Tobias und Ben in den Kellerraum.
"Wen haben wir denn da?", fragte Olaf.
Stupid question, dachte Patsy.

---

stupid dumme

"Schieß los. Was willst du von uns?"
"Nichts, wieso?"
"Erzähl keinen Mist, verdammt, du schnüffelst herum und fragst die Kleine aus. Wir sind doch nicht blöd."
"Ich spiel nur gern mit Merle. Das ist alles."
Merle schaute sie prüfend an. In ihrer Hand war eine Feder. Fritzi hatte ihre Ratte auf ihre Schulter gesetzt. Die Kinder umringten Patsy jetzt, sodass sie auf einen alten, dreckigen Stuhl plumpste. Merle begann Patsy mit der Feder zu kitzeln.
"Wenn du lügst, kitzel ich dich, bis du nicht mehr kannst", warnte sie Patsy.
"Ich lüge nicht", sagte Patsy, doch im selben Augenblick schossen ihr ganz andere Gedanken durch den Kopf. I *am* a **liar**. It's not the **truth**. I don't want to **lie to** Merle, I really like her. Patsy bekam ein fürchterlich schlechtes Gewissen.
"Ich sag jetzt gar nichts mehr."
"Ach, so ist das. Gut. Dann bleibst du eben hier und schmorst. Ben passt auf dich auf. Wir werden dich schon zum Reden bringen."
Ben wehrte sich: "Och nö, ich will Fußball spielen, oben, mit Andy und Ali und diesem komischen Engländer. Ich will nicht hier im Keller hocken."

liar Lügnerin
truth Wahrheit
lie to anlügen

“Schnauze!”, brüllte ihn der dicke Olaf an. “Einfach nur Schnauze!”
Ben schmollte, die anderen rannten aus dem Keller.
“Mir reicht’s langsam”, murrte Ben in sich hinein.
Patsy fiel nur ein Song von den Beatles ein: Help! I need somebody. Help! Not just anybody. Help! You know I need someone – Help!

Natürlich waren Hey Jay und Ali und Andy hinter Olaf und den anderen hergelaufen, als diese Ben vom Fußballspielen abgeholt hatten und im Haus Nummer 12 verschwunden waren. Als sie im Treppenhaus standen, hörten sie Olaf, der im Keller versuchte Patsy einzuschüchtern. Und sie hörten Patsy. Hey Jay war erleichtert. Dann hörten sie, wie Olaf und die anderen aus dem Keller gerannt kamen.
Schnell versteckten sie sich im ersten Stock.
Als die Kinder aus dem Haus waren, liefen sie in den Keller.
“Patsy? Where are you?”
Hey Jay, Ali und Andy wussten ja nicht, dass Ben noch bei ihr war, um auf sie aufzupassen.
Wie erschraken Ben und Patsy, als sie die Stimmen hörten!
Patsy wollte antworten, aber Ben hatte schon seine Hand auf ihren Mund gelegt.
“Sei still!”, flüsterte er ihr warnend zu.
“Patsy?”

"Mist, verdammter", fluchte Ben, "ich mach das nicht mehr mit."
Dann ließ er Patsy los und rief: "Wir sind hier drin und die Idioten haben uns eingeschlossen und ..." Er unterbrach sich.
"Ben, bist du das?", rief Ali.
"Ja, und ich will raus hier!"
"Wir holen euch raus, fragt sich nur wie", antwortete Ali. "Alles klar mit dir, Patsy?", wollte er noch wissen.
"Alles klar", erwiderte Patsy erleichtert.
"Kennst du die?", fragte Ben verblüfft.
"Ja, wir sind die Undercover Kids, noch nie von uns gehört? Berühmte Detektive!"
Patsy sah, wie es in Bens Hirn arbeitete.
"Achtung, sie kommen zurück", hörte sie Ali von draußen rufen, und dann hörte sie wieder die Kellertür zuknallen und viele schnelle Schritte, und die Tür öffnete sich. Olaf hatte Stricke und Knebel in den Händen.
Oh my God, they're going to **tie me up** and **gag** me. Beinahe hätte Patsy gekichert. Sie fühlte sich absolut sicher, jetzt, wo sie ihre Freunde in der Nähe wusste. Die hatten sich wahrscheinlich irgendwo versteckt. Patsy hörte und sah nichts von ihnen.

---

tie me up mich fesseln
gag knebeln

Ben sagte nichts. Er ging einfach aus dem Keller raus und schaute sich draußen um.
“Was machst du da?”, fragte Tobias ihn.
“Och, ich guck nur so rum, ich dachte, ich hätte was gehört.”
“Blödmann”, murmelte Olaf.
Das war zu viel. Jetzt war Ben nicht mehr zu halten. “Weißt du was? Du stinkst mir schon lange. Immer kommandierst du uns nur rum, und wir müssen machen, was du willst. Du willst dir die Hände nicht dreckig machen, aber wir sollen alte Leute erschrecken, weil dein Opa so'n Idiot ist und dich haut. Ich mach das nicht mehr mit! Mach doch deinen Scheiß alleine, ich geh Fußball spielen!”
Ben zog ab.
Fritzi glotzte Tobias an. “Was macht ihr?”
Der zuckte die Schultern: “Nichts Schlimmes, ab und zu ein paar Knallfrösche an Häuser werfen, nur so aus Spaß!”
“Und ab und zu Flaschen, übler Spaß!” Patsy kam in Fahrt.
“Flaschen?” Fritzi, Anna und Merle schauten verwirrt zwischen den beiden Jungs und Patsy hin und her.
Olaf blaffte Patsy an: “Nein, das mit den Flaschen, das war nur ich, wenn du's genau wissen willst. Tobias wollte nicht und sogar dieser blöde Ben hat sich in letzter Sekunde davor gedrückt. Feiglinge. Aber woher weißt du das alles?”

"Die Undercover Kids kriegen alles raus", sagte Patsy stolz.
"Siehst du, Merle, jetzt hörst du's selbst. Sie kriegt alles raus." Anna stierte Patsy böse an. "Sie hat uns reingelegt!"
Merle fing fürchterlich an zu weinen.
Patsy wollte raus hier, nur noch raus.
Fritzi schrie Merle an: "Und du hast ihr alles verraten!"
Merle schrie zurück: "Hab ich gar nicht! Aber ich klau nie wieder ein Handy für dich und ich will nichts mehr mit euch allen zu tun haben! Ihr seid alle gemein, alle! Du bist auch nicht besser als Patsy!" Und dann weinte sie weiter.
"Sie klaut Handys für dich?" Jetzt war es Tobias, der Fritzi erschrocken anstarrte.
Fritzi war bockig. "Ohne Handy ist man nichts wert, das sagst du doch immer. Außerdem leih ich die mir nur aus, und Olaf bringt sie wieder zurück."
Tobias starrte Olaf an. "Du wusstest das?"
Olaf drehte fast durch: "Na und? Irgendeiner musste ihr doch helfen!"
"Helfen ist gut", erwiderte Tobias, und er wirkte dabei fast angewidert. "Du hättest sie stoppen müssen!"
"Ich hab ihn aber dafür bezahlt, und das war meine Sache, mischt euch gefälligst nicht ein!" Fritzi fing jetzt an zu heulen. "Und alles nur wegen dieser blöden Patsy! Das wäre sonst nie rausgekommen!"

In diesem Augenblick tauchten Ali, Andy und Hey Jay in der Kellertür auf.
"Okay, das reicht", sagte Ali. "Wir haben alles gehört, und unsere Handys sind auf dem neusten Stand. Diese Dinger sind echt irre, man kann damit Fotos machen, filmen und es gibt sogar ein Mikrofon. Wenn ihr versteht, was ich meine. Ihr habt keine Chance mehr, irgendetwas zu leugnen. Gebt unsere Freundin frei. Und dann geht ihr besser nach Hause und denkt über alles nach. Die Undercover Kids werden sich zur Beratung zurückziehen. Tschüs und verschluckt keine Fliegen."
Alis Rede hatte allen die Sprache verschlagen, sogar Patsy.
Hey Jay zog sie aus dem Kellerabteil heraus.
"Let's get out of here before they wake up", raunte er Patsy zu. "Come on, **hurry up**."
Und dann knallten sie die Kellertür hinter sich zu und rannten die Treppe hinauf.
Vor dem Haus stand Ben, als würde er auf sie warten.
"Hey, was is mit Fußball?", rief er und schaute ihnen hinterher.
"Später vielleicht", antwortete Ali.

---

hurry up beeil dich

Eine Lösung für alle

Sie hockten in ihrem Bandenquartier, mit Andy. "Well, we did it. What are we going to do now?" Hey Jay bremste ihre Freude ein wenig. "Shall we go to the **police**? **By the way**, we didn't **record** anything they said in the **cellar**. It was just a bluff."
"I don't think they need to know that we haven't got any proof", meinte Patsy. "We're **witnesses, after all**."
Sie hatte Recht. Sie waren genug Zeugen. Und sie hatten die Fotos von Jola.
"We must go to the police!", beharrte Ali. "They have to be **punished** to stop their bad behaviour!"
Sie schwiegen. Patsy sah Merle schon im Gefängnis schmoren.
"I think Olaf is **the worst**. **I feel sorry for Merle**, and even Ben. He helped me **in the end**."
"Ben's okay – I think so too", überlegte Ali. "I'll take

---

police Polizei
by the way übrigens
record aufnehmen
cellar Keller
witnesses Zeugen
after all schließlich
punished bestraft
the worst der Schlimmste
I feel sorry for Merle. Merle tut mir leid.
in the end am Ende

him to our football training. That'll change him. Even Tobias is not too bad. But they did help Olaf. We have to think of a **punishment** for all of them", fand er.

"I've got an idea", meldete sich Jola zu Wort. "They should work for Frau Weber and all the old people."

Alle guckten Jola überrascht an. Was meinte sie? Jola räusperte sich. Im Gegensatz zu Patsy mochte sie es nicht so gerne, im Mittelpunkt zu stehen. Aber ihre Idee war gut, die alten Leute in dem Haus konnten helfende Hände wirklich gut gebrauchen.

"It all **began** with Frau Janotta. She's nearly blind. So I started to **read aloud** from the cat book for her. Then I found out that **several** of the old people can't read any more. And you know, most of them are really nice."

"**I get it!**", rief Patsy begeistert. "Sie sollen vorlesen. That's a **brilliant** idea!"

"Hold on, I haven't finished yet. Reading aloud would be a good job for Fritzi and Tobias – as they're **a couple**. They can share the job, and if they do it

---

punishment Strafe
began hat angefangen
read aloud vorlesen
several mehrere
I get it! Verstehe!
brilliant großartige
a couple ein Paar

well they might even get some money for it, so they can buy **themselves** a mobile."
Alle waren begeistert.
"What about the others?"
"They should all do **odd jobs** for Frau Weber and the other old people. But as Olaf is the worst, I think he really needs help! The best person to help him is Anton. And Anton needs help, too. He loves to work in the garden and **plant** roses and other flowers. He's old, and he needs someone to **give him a hand**. Olaf **destroyed** Anton's rose bushes – now he should help him **take care of** them. And he and Ben can help all of them to carry heavy things when they go shopping."
"And Anna? And Merle?"
Jetzt hatte Lina eine Idee: "I want to invite the three girls here and talk to them about how to treat pets. And then I'll take them to the **animal shelter** nearby. They can do some dogsitting there. What do you think?"
So kam es, dass die Undercover Kids am nächsten

themselves sich
odd jobs Gelegenheitsjobs
plant pflanzen
give him a hand helfen
destroyed hat zerstört
take care of ... sich um ... kümmern
animal shelter Tierheim

Tag mit Frau Weber, Anton, Granny und den anderen in deren Garten saßen, um mit ihnen alles zu besprechen. Niemand hatte etwas dagegen – im Gegenteil.
Später liefen sie in die Hindenburgstraße und besuchten Fritzi, Anna, Merle, Ben, Tobias und Olaf.
"Wenn ihr morgen nicht zum Haus von Frau Weber kommt, und zwar pünktlich um sechs Uhr am Nachmittag, dann gehen wir zur Polizei."
Frau Weber bereitete literweise Quittenlimonade vor und backte haufenweise Kekse.
Patsy lud den Fischhändler und seine Mutter ein. Die Jungens sollten sich bei ihnen entschuldigen. Und sie telefonierte mit ihrer Mutter: Sie sollte einen Kuhbadeanzug für Merle bestellen.

Es war so weit! Sie wollten gerade zum Altenheim aufbrechen, als es an der Tür klingelte.
"**I'll get it**", rief Hey Jay, der mit Sonnenschirm, Kappe und Rucksäckchen schon bereit stand. Er flitzte zur Tür. Es waren die drei Schwestern.
"Ich wollte Patsy abholen", sagte Merle. "Und die Tiere sehen."
"Animals", konnte Fritzi nur übersetzen.
Aber Hey Jay hatte verstanden.
"The three sisters came to pick us up and see Linas

I'll get it. Ich gehe hin.

animal farm", rief er und führte die drei hinauf in ihr Bandenquartier.
Anna und Merle beugten sich über die Käfige. Sleeping Beauty lief zu Anna und strich um ihre Beine.
Plötzlich sprang aus Fritzis Hemd die Ratte, und Sleeping Beauty raste wie wild hinter ihr her!
"Fritz!", schrie Fritzi.
"Sleeping Beauty!", riefen die anderen.
Bald hatte das Kätzchen die Ratte in eine Zimmerecke gedrängt und fummelte mit der Pfote vor ihrer Nase herum.
"She's just playing with him", meinte Hey Jay.
Der kannte sich mittlerweile immer besser mit Haustieren aus.
"Da hast du aber echt Glück gehabt, Fritzi!", meinte Lina nur.
Fritzi wollte sich verteidigen: "Die ist so viel alleine unten im Keller, da dachte ich, ich nehm sie mit!"
"Wolltest du die alten Leute damit ärgern?", unterstellte Jola.
Lina bremste sie. "Ich gebe dir jetzt einen Käfig für Fritz, dann kann er bis nachher hierbleiben."
"Maybe she should get a **second** rat", war Hey Jays Vorschlag mit Blick auf Mayo und Ketchup, die sich gerade gegenseitig putzten.
"Gute Idee. Aber jetzt müssen wir los!", rief Patsy.

---

second zweite

Alle saßen im Garten.
Und alle hörten sich an, was die Undercover Kids beschlossen hatten.
Olaf war überhaupt nicht begeistert. Aber er hatte keine Wahl. Besser so, als zur Polizei.
Anton begann sofort mit ihm irgendwo im Garten zu graben. Später sah man die beiden mit Keksen und Quittenlimonade irgendwo sitzen und miteinander reden.
"He'll take care of Olaf", flüsterte Hey Jay Patsy zu.
Sie nickte. Anton war vermutlich ein toller Ersatzopa.
Tobias und Fritzi waren schon beim Lesen, und sie schienen sich an ihre neue Aufgabe schnell zu gewöhnen.
Anna saß ganz alleine da und schaute den andern zu. Merle spielte mit Patsy und Lina und ein paar alten Leuten Brettspiele. Dazu hatte Anna aber keine Lust. Ben übte im hinteren Teil des Gartens mit Ali dribbeln. Hey Jay unterhielt sich angeregt mit Granny und Frau Weber auf Englisch – davon verstand sie nichts. Plötzlich tauchte Jola neben ihr auf.
"Magst du Chips?", fragte sie Anna.
"Geht so", antwortete sie. Dabei war das voll gelogen. Sie liebte Kartoffelchips. Und sie nahm einen. Lecker war der. Jola grinste sie an. Eigentlich, dachte Anna, sind diese Undercover Kids doch ganz in Ordnung.

Und dann nahm sie sich eine ganze Handvoll Kartoffelchips, und sie und Jola lachten und aßen die ganze Tüte leer.

Das Ende. Das Ende?

Am Sonntag kamen die Eltern. Sie waren natürlich wahnsinnig neugierig, alles haarklein zu erfahren. Patsy freute sich, ihre Eltern zu sehen. Aber ein bisschen traurig wurde sie auch, denn der Tag der Abreise von Hey Jay und Granny rückte näher. Am kommenden Freitag würde es so weit sein. Sie musste immerzu daran denken, während sie feierten.

Linas Mutter, die Fotografin, und ihr Freund Peter, der Journalist, hielten schließlich eine Rede:

"Okay, kids", sagte Peter, "we've got some **important** news for you. Since you're fantastic, we want to be fantastic too. You all know that I love Wales, and I want to write a book about this beautiful **country**."

Linas Mutter redete weiter: "And since I'm a photographer, we**'ve decided** to write the book together. We're flying to Wales next weekend for three weeks."

Lina sprang auf und jubelte: "Für drei Wochen nach Wales!"

Patsy wurde noch trauriger, jetzt würde Lina also auch noch wegfliegen.

---

important wichtige
country Land
have decided haben beschlossen

"Hold on a minute, darling", sagte Linas Mutter. "The problem is, we need some brilliant **detectives** to find out the most interesting things about Wales, and so we all decided ..."
Weiter kam sie nicht.
Die Undercover Kids hatten kapiert, worauf das alles hinauslief.
Sie *alle* würden mit Hey Jay und Granny, Linas Mutter und Peter zusammen für drei Wochen nach Wales fliegen! Alle jubelten und lachten und feierten bis in die Nacht.

Ob es in Wales auch Abenteuer zu bestehen geben würde?

No matter where you are,
No matter what you did,
We can bet you
That we're going to get you –
We're the Undercover Kids!

---

detectives Detektive